기획자의 독서

— 오늘도 책에서 세상과 사람을 읽는
네이버 브랜드 기획자의 이야기

김도영
지 음

혹시 '생존 수영'이란 말을 들어본 적 있으신가요?

문자 그대로 물에서 위급한 상황에 처했을 때 최소한 자신의 생명이라도 지킬 수 있는 수영법을 생존 수영이라고 합니다. 멋지게 헤엄쳐 쭉쭉 뻗어나가는 수영이 아닌, 적어도 물에 떠 있기라도 하기 위한 수영인 것이죠.

예전에 후배들을 대상으로 작은 강연을 할 기회가 있었는데요, 그때 이런 질문을 받았습니다.

"책을 읽는 게 참 중요하다고 하셨는데요, 기획 일을 할 때 실제로 책이 많은 도움이 되나요?"

저는 이렇게 대답했습니다.

"기획자에게 책은 생존 수영 같은 거라고 생각합니다."

그렇습니다. 물을 무서워하는 사람이나 수영에 큰 관심이 없는 사람이라도 생존 수영 정도는 배워둘 필요가 있습니다. 최소한의 안전장치이자 스스로를 지탱할 수 있는 기초체력으로라도 말이죠.

이 책은 기획을 하는 사람들이 그런 태도로 책을 대했으면 좋겠다는 생각에서 출발했습니다. 보고 경험할 수 있는 것들이 차고 넘치는 시대지만 그래도 늘 책은 책으로서의 역할을 하고 있으니까요. 적어도 이 망망대해에 기획자라는 이름으로 떠 있기 위해서는 어느 정도의 독서 부력이 필요한지, 그리고 책에서 얻는 기획의 힘은 또 어떤 모습인지에 대해서 말해보고 싶었습니다.

하지만 주위의 반응은 좀 다르더군요. 차라리 유튜브나 인스타그램을 주제로 써봐라, 아니면 요즘 핫하다는 마케팅 사례만 뽑아서 엑기스처럼 전달해주면 어떠냐, 자극적인 소재가 담겨도 읽을까 말까인데 책에서 또 책 이야기를 한다는 게 위험부담인 것 같다 등등이요.

저도 일정 부분 동의합니다. 그랬으면 조금은 더 유행의 결을 맞췄을지도 모르는 일이죠. 그런데 한 가지 문제가 있었어요. 다른 것들을 이야기하자니 마치 '제 것'이 아닌 것 같은 느낌을 받았거든요. 적어도 지금까지 제가 기획이라는 영역에 발을 붙이고 살 수 있도록 해준 가장 큰 요인은 다름 아닌 책이었으니 말입니다. 그걸 두고 어떤 재미난 이야기를 한다고 해도 진짜 내 이야기는 아니겠다 싶었던 거죠.

무엇보다 '최소한'이라는 것에 방점을 찍고 싶은 마음이 컸습니다. 책 속에 길이 있다거나 책이 당신을 더 위대하게 만들어줄 거라는 말은 이미 저부터가 믿지 않으니까요. 그런 환상은 잠시 접어두고서, 그저 기획하며 살고 있는 한 사람의 책 읽는 생활을 보여주고 싶었습니다.

어디까지가 일이고 어디까지가 취미인지 모를 그 애매모호한 경계에 사는 사람들. 세상으로부터 끊임없이 새로운 것들을 수혈 받음과 동시에 내 밑바닥까지 짜내며 일하는 사람들. 불꽃처럼 에너지를 뿜어야 할 때도 있고, 얼음처럼 냉정하고 차가워져야 할 때도 있는 사람들. 아무도 가지 않는 길

을 걷자니 무섭고 또 이미 남들이 간 길을 따라가자니 자존심
이 허락하지 않는 사람들.

바로 '기획자'라는 이름으로 혹은 그 어떤 형태로든 '기획
을 하고 있는 사람들' 중 한 명으로서 말이죠. 그런 분들에게
작은 공감이 되고 새로운 기운을 불어넣을 수 있다면 이 책의
기획의도 중 절반 이상은 성공한 것이 아닐까 생각했습니다.

누군가 그러더라고요. 책이란, 글을 쓴 사람의 생각과 글을
읽는 사람의 생각이 만나 기호로 표기할 수 없는 특별한 화학
작용을 일으키는 거라고요. 책을 좋아하는 저에게는 너무도
반가운 말이었습니다.

저 역시도 이 책을 통해 제 나름의 생각들을 얹어보았습니
다. 오랫동안 머리에 담겨 있던 생각도 있었고 글을 써내려가
며 그 모습을 점점 갖춰간 생각도 있었죠. 어떤 형태가 되었
든 이 생각의 조각들이 여러분의 생각과 만나 작은 화학작용
이라도 일으킬 수 있다면 저는 더없이 기쁠 것 같습니다.

더불어 이 책을 읽은 뒤 평소 보던 책들이 조금은 다르게
보이고 그래서 약간은 더 설레는 마음으로 책을 대할 수 있게
된다면 더 바랄 게 없겠죠. 누군가에게 새로운 관점과 두근거
림을 주는 것만큼 성공한 기획은 아마 없을 테니까요.

차례

PART 3 ─── 읽고 생각하고 펼치는 사람

PART 1

읽는
사람

∞

마음속에 흩어져 있던 각자의 목마름이

좋은 책을 만나는 순간,

마치 나에게 꼭 맞는 신발을 찾은 것 같은

기분 좋은 편안함을 느낄 때가 있죠.

그러니 때로는 지금 읽고 있는

책 한 권이 그 사람이 머물고 있는

세상을 대신 보여주기도 합니다.

이 책을 쓰던 어느 시점에 이르러 조금 오싹한 생각이 들었습니다.

'나까짓 게 책을 써도 될까?'

일이야 다들 하는 거고 책도 다들 읽는 건데 '일과 책'이라는 주제로 글을 쓰는 게 맞는 걸까, 두 분야 모두 고수가 많기로 소문난 분야인데 어쩌자고 내가 겁 없이 뛰어든 걸까 하는 그런 걱정 말이죠. 친한 친구에게 이 고민을 털어놓자 돌아오는 대답이 뜻밖이었습니다.

"하정우 기억 안 나?"

"하정우?"

"네가 나에게 준 책 말이야. 내가 산티아고 순례길에 도
전해보겠다고 말했을 때 선물해준 책 있잖아."

그 말을 듣고 나니 떠올랐습니다. 너무 많은 악재가 한꺼번
에 몰려와 정신을 못 차리던 친구 녀석이 회사까지 그만두고
산티아고를 걷겠다고 선언한 그날의 기억이요. 판교역 근처
호프집에서 맥주를 한잔하며, 친구에게 배우 하정우가 쓴 책
《걷는 사람, 하정우》를 선물했습니다. 스스로를 걷기 전도사
라고 부르며 자신의 걷는 생활에 관한 생각과 에피소드들을
묶은 에세이죠.

"걷기만으로 책을 썼다는 게 참 신선하다고 네가 말했었
잖아. 걷는다는 게 무엇 하나 특별하지 않은 행위인데 그
속에 하정우만의 이야기와 생각이 담겨 있어서 좋다고
했던 말."

맞아요. 저는 배우 하정우도 좋아하지만 작가 하정우도 좋
았습니다. 글을 읽는 내내 하정우 님의 말투가 오롯이 느껴지
는 것 같았거든요. 능글능글하면서도 넉살 좋은 그 특유의 화
법. 하지만 그 화법 사이로 묵직한 '나다움'을 지키며 이야기

하는 스타일이 맘에 들었습니다.

세상에서 제일 빨리 걷는 사람도 아니고 많이 걷기로 기네스북에 오른 사람이 아니어도 걷기에 대한 이야기를 자신감 있게 풀어가는 모습이 특히 인상적이었습니다.

걸음을 단위로 자신만의 거리 측정법을 만들고 하루의 루틴을 걷는 생활에 집중시키는 것. 걷기 위한 여행을 가고, 걷기 위한 식사를 하며, 걷기 위한 친구를 만들어 그렇게 종일 걷기만 했던 이야기까지. 영화 같은 기승전결 없이도 '걷는다'는 것의 의미와 본질을 한 번 더 생각하게끔 만드는 힘이 그 책에 녹아 있었습니다.

그중 저를 가장 흔들었던 대목은 걷는 이유에 관한 것이었습니다. 무척 궁금했거든요. 하정우라는 사람은 왜 걸을까? 연기뿐 아니라 다른 재능도 많아서 그림도 그리고 감독도 하던데, 그 바쁜 일상 속 제일 커다란 부분을 대체 왜 걷는 데 쓰는 걸까? 이에 대한 그의 대답은 참으로 간단했습니다.

"아, 모르겠다. 일단 걷고 와서 마저 고민하자."

기분이 별로일 때, (그의 표현을 빌리자면) 고민이 머릿속에서

슬금슬금 기어나와 어깨 위로 올라타 짓누를 때 일단 걷고 보자는 심정으로 집 밖에 나간다고 합니다. 그렇게 걷다 보면 조금씩 흩어져 있던 생각이 정리되고 고민의 무게도 한결 가벼워진다죠.

자신의 기분에 지지 않기 위해서, 쓸데없는 고민이 생활을 지배하지 않게 하기 위해서 걷기를 택한 것입니다. 거창한 이유는 아니지만 어쩌면 스스로에 대한 변화가 가장 절실할 때 본능적으로 걸어야겠다는 생각을 하는 건지도 모르겠습니다.

▍각자의 무기

왜 책을 읽느냐고. 책을 읽으면 뭐가 좋냐고 누군가 물을 때마다 제 대답 역시 항상 간단했던 것 같습니다.

"딴 건 잘 모르겠고, 그냥 일을 조금 더 잘하고 싶어서요."

네. 저는 원래도 책 읽는 것을 싫어하지 않았지만 직장인이 되고 나서부터 책을 더 제대로(!) 읽게 되었습니다. 아쉽게도 '인간 본성의 탐구'나 '인문학적 사고를 위한 자양분' 같은 이유로 책을 열심히 읽기 시작한 것은 아닙니다. (사실 이 단어들도 방금 짜내느라 엄청 머리를 굴렸네요.)

대신 우선 걷고 보자며 길을 나서는 하정우처럼, 저 역시 '뭐라도 읽으면 좀 나아지겠지'라는 생각으로 책을 집어 들었습니다. 눈앞의 문제가 잘 풀리지 않아 머릿속을 비워내야 할 때도, 맑은 공기를 마시듯 새로운 생각들을 들이마시고 싶을 때도 늘 책에 기대온 것이죠.

조금 더 구체적인 이유를 들자면 '기획을 더 잘하고 싶어서'라고 할 수 있겠네요. 저는 회사 생활을 시작한 지 올해로 12년 차에 접어들었습니다. 광고 직군으로 시작해 콘텐츠 매니저, 웹서비스 기획, 브랜드 마케터 등 꽤 여러 직무를 거쳤죠. 시대의 흐름과 서비스의 변화들을 따라가다 보니 시시때때로 타이틀이 변하기는 했지만 그 안에는 늘 공통된 역할이 있었습니다. 바로 '기획하는 사람'으로서의 역할이죠.

무엇인가 새로운 것을 구상하고 실현시켜가는 것.
의미와 본질에 대해 깊이 들여다보고 공부하는 것.
가장 적절한 것을 찾아 가장 적절한 곳에 배치하기 위해 애쓰는 것.

첫인상을 만들고, 경험을 계획하고, 기억을 남기는 것.

추상적인 개념을 그리기도 하고 깨알 같은 요소를 다듬기도 하는 것.

누구와도 같이 협업할 수 있으면서 또 홀로 일하는 외로움도 견디는 것.

사람과 세상을 이해하기 위해 노력하는 것.

맞아요. 이 중 하나라도 해당된다면 사실 모두가 기획자죠. 마케팅 기획, 제품 기획, 서비스 기획, 영업 기획, 광고 기획, 공간 기획, 경험 기획 등등…. 기획이라는 단어로 범위와 성격을 구분할 때도 있지만 실제로는 기획이 필요한 곳보다 필요하지 않은 곳을 찾기가 더 어렵습니다. 그러니 저의 직장 생활만 돌이켜봐도 어떤 일을 하건 90퍼센트 이상이 모두 기획의 영역이었습니다.

저는 이 일이 좋습니다. 좋으니 욕심이 나고 늘 잘하고 싶어요. 그런데 여전히 '기획을 잘한다'는 것이 어떤 의미인지 잘 모르겠습니다. 제가 담당한 브랜드나 제품이 공전의 히트를 쳐야 하는 건지 동료들에게 '너 진짜 일 잘해'라는 평가를 받아야 하는 건지, 아니면 사용자들이 앱스토어나 제품 리뷰에 '이거 만드신 분 복받으세요'라는 코멘트를 달아줄 때 그 제서야 제대로 된 기획을 한 건지 도통 기준선을 찾기가 쉽지 않습니다.

게다가 기획자로서의 커리어는 또 어디 명확하던가요. 기획 일을 한다는 사람들을 만날 때마다 대부분이 진로에 대한 걱정을 품고 있습니다. 어떤 스킬을 익힐 것이며 무엇을 포트폴리오로 만들어둬야 하는지 고민하는 것은 이제 일상생활이 되었죠.

그런데 참 신기해요. '기획을 잘한다'는 것에 대한 정답은 아직 못 찾았어도 '좋은 기획자'에 대한 자격은 조금씩 뚜렷해지고 있는 것 같거든요. 한때 저의 팀장님이었던 분이 이런 말을 했었습니다.

"좋은 기획이 나오려면 다양한 스타일의 기획자가 많아져야 하는 것 같아. 각자 다른 무기 하나씩 들고 싸울 수 있는 기획자들 말야."

기획 일을 하시는 분들이라면 대부분 공감하실 겁니다. 같은 기획자로 불려도 비슷한 유형으로 구분하기가 쉽지 않다는 것을요. 다들 각자의 스타일이 있고 그걸 바탕으로 본인의 기획력을 펼치게 되죠. 이 스타일이란 것이 그저 방식에 국한되지 않고 자신만의 강점이 될 때 좋은 제품과 서비스로 연결될 수 있다고 생각합니다. 그러니 만약 100명의 기획자가 있다면 100가지의 다른 기획이 나와야 하는 게 당연한지도 모르죠.

▌ 나의 힘은 책으로부터

'나는 어떤 스타일의 기획자이며, 내 기획력에 가장 크게 영향을 준 것은 무엇일까?'

저 역시 이 고민을 하지 않을 수 없었고, 늘 그 끝에는 '책'이라는 답이 있었던 것 같습니다.

보통 '힘力'이라고 부르는 것에는 그 원천이 있기 마련이죠. 그렇다면 기획'력'에도 분명 원천이 있을 테고, 어쩌면 제 기획력의 에너지원은 바로 책이 아닐까라는 결론에 닿은 셈입니다.

앞에서도 얘기했듯이 우리 주변에는 책도 흔하고 일도 흔합니다. 하지만 각자 일하는 방식에 각자 책을 대하는 방식을 조합한다면 무수히 많은 경우의 수가 탄생하겠죠.

디자인을 잘해서 무엇이든 비주얼로 그려 설명할 수 있는 기획자도 있고, 카테고라이징과 트리 구조 짜기에 능해 체계를 만드는 데 강점이 있는 기획자도 있습니다. 또 초반 기획부터 상세한 콘셉트를 갖추고 치밀하게 시나리오를 짜는 기획자도 있고 기획의 단계를 밟아나가며 방향성을 잡아나가는 기획자도 있어요.

이렇게 수만 가지 타입의 다양한 기획자 중에 '책을 통해 기획의 힘을 얻고 이를 다시 기획에 활용하는' 기획자도 한 명 있는 거죠. 그러니 기획하는 사람의 눈으로 책을 대하면 무엇이 다른지, 기획하는 사람에게 책은 어떤 의미를 주는지 함께 고민해보는 기회가 되었으면 합니다.

사실 각자의 스타일이 분명해지고 또 다양해지면 좋은 점이 있습니다. 평범한 것도 더 이상 평범해지지 않는 마법이 일어나는 거죠. 어떤 사람에게 '걷는다'는 것의 의미는 그저 A에서 B로 이동하기 위한 수단 중 하나일지 모릅니다. 하지만 다른 누군가에게는 그 행위가 인생에서 가장 중요하고 특별한 의미일 수 있어요. 그러니 그 사람이 걷기를 대하는 방법, 걷기에 대해 풀어놓는 이야기는 많은 사람에게 결코 평범하지 않은 자극이 되는 것이죠.

꼭 기획자가 아니더라도, 아직 정식으로 사회생활을 시작하지 않은 사람이더라도 살면서 '기획'과 마주할 일은 무수히 많습니다. 어쩌면 우리가 사는 삶 자체가 '기획'의 연속일지도 모르죠.

그런 의미에서 누구든 스스로를 기획자라고 생각하고 살면 좋겠습니다. 더불어 나는 어떤 스타일로 기획을 하는 사람인지 알아가려는 노력을 한다면 대환영이고요. 그 과정에서 다른 사람에게는 지극히 평범한 것들이 나에게는 의외의 힘을 가져다주는 원천일 수 있다는 사실을 알게 될 수도 있거든요. 그 힘을 바탕 삼아 나만의 무기 하나쯤 만들어둔다면 더 바랄 것 없겠죠. (그리고 단언컨대 그 무기는 여러분의 생각보다 훨씬 강력할 겁니다. 분명히요.)

BOOK
MARK

산티아고를 걷고 온 그 친구는 이제 새로운 직장에서 더 의미 있는 출발을 했습니다. 여행 후 친구를 다시 만났을 때 제가 물었죠. 산티아고 순례길에서 어떤 깨달음을 얻었냐고요. 친구는 이렇게 답했습니다.

"산티아고를 걷는 게 특별했다기보단, 이제 어떤 길을 걸어도 산티아고를 걷던 마음가짐으로 걸을 수 있게 된 것 같아."

저는 아직 산티아고를 걸어보지 않았지만 늘 이 말을 기억하며 살고 있습니다. 평범한 것들도 특별하게 마주할 준비를 하면서 말이죠.

오래된 오해들 ─────────

▍오해 1. 취미

저의 최애 취미는 '독서'가 아닙니다. (놀라셨나요…?)

전 운동을 제일 좋아합니다. 웨이트 트레이닝, 수영, 러닝 같은 운동을 즐겨 합니다. 사실 운동할 때 가장 집중력이 높아지는 것 같아요. 노력을 통해 조금씩 더 나은 퍼포먼스를 만들어가는 것에 큰 희열을 느끼거든요. 그러니 '내가 살아 있는 소리'라는 카피는 제겐 맥주병을 딸 때가 아닌 운동 중에 거친 숨소리를 직접 들을 때 더 어울리죠.

두 번째 취미는 음악입니다. 이건 아마 음악 애호가이신 부모님의 영향이 큰 것 같아요. 지금도 고향집에 내려가면 두 분 다 하루 종일 이어폰을 끼고 각자의 음악을 듣고 계시거든요.

저는 듣는 건 물론이고 혼자서 뚝딱거리며 음악을 만드는 것도 좋아합니다. 심심할 때면 작곡 프로그램을 켜서 비트를 찍고 멜로디를 입히고 이펙트 넣기를 반복하며 혼자 썩 잘 놀거든요(!). 머릿속에서 형체 없이 떠돌던 의문의 흥얼거림이 실제 '소리'로 변하는 과정이 매번 신기하기만 합니다.

그다음 취미가 독서쯤 되는 것 같습니다. 짐작하셨겠지만 저는 손에서 책을 떼지 못하는 그런 타입은 아닙니다. 신문 귀퉁이의 부고란까지 찾아 읽는다는 텍스트 중독자도 아니며 대각선 읽기, 사진 찍듯 읽기 등의 속독법을 연마한 사람도 아닙니다. (앞으로의 이야기에도 '하루에 3권 읽기' 같은 독서법에 관한 내용은 전혀 없음을 미리 알려드립니다.)

하지만 책이 참 좋습니다. 지금 당장 읽지 않더라도 맘에 드는 책은 언제나 보이는 즉시 사서 책장에 꽂아두죠. 책에 관해 이야기하는 것을 즐기고 글을 쓰는 것도 좋아합니다. 그리고 무엇보다 '책'이라는 그 물성과 속성에 가장 큰 매력을 느낍니다. 제목, 표지, 목차, 구성, 삽화 같은 요소들과 손으로 느껴지는 적당한 무게감까지. 하나의 브랜드 같기도 하고 가끔은 인격체처럼 보이기까지 하는 그 '끌어당김'이 좋습니다. 그러니 책을 많이, 빨리 읽는 사람보다는 말 그대로 책을 참 좋아하는 사람이 맞는 것 같습니다.

▍오해 2. 일

IT 회사에서 근무하는 사람들은 대다수 '디지털 러버'이거나 '얼리어답터'일 거라 으레 짐작하는 경우가 많습니다. 물론 제가 일하는 필드인 만큼 새로운 기술과 콘텐츠에 대한 관심의 안테나는 늘 켜두고 있죠. 하지만 의외로 아날로그적인 삶을 사랑하며 인문학적인 이해도까지 갖춘 동료들이 많습니다.

손글씨 메모를 선호하는 로보틱스 연구자, 빈티지 영화 포스터를 모으고 성에 차지 않으면 복원까지 하는 그래픽디자이너, 여러 권의 시집을 출간한 인공지능 번역 개발자까지. 각자의 삶과 영역에서 어느 부분은 기술에 양보했지만 또 어느 부분은 사람 냄새나는 예전 그대로의 것을 유지하고 있죠. 그런 의외성과 만날 때란 마른 입속으로 박하사탕을 하나 던져 넣는 기분입니다. 자칫 좁아지려 하던 시야와 마음을 다시금 열어주는 역할을 하니까요.

한편 직업에 대한 오해도 있습니다. 브랜딩 일을 한다고 하면 감성의 끝을 달릴 것 같은 이미지인가 봅니다. 위아래 검은색 의상에 두꺼운 뿔테안경을 쓰고 매 순간 크리에이티브를 외치는 그런 모습을 상상하곤 하지만 현실은 다릅니다. 오히려 논리와 근거를 바탕으로 끝장을 보려는 싸움꾼들이죠. 늘 '왜?'라는 질문을 반복하며 단어 하나, 이미지 한 장만 가지고도 밤샘 토론을 이어갈 수 있는 사람들의 집합입니다.

그러니 집중력과 밸런스가 중요하다는 사실을 깨닫습니다. 몰입해야 하지만 헤어나지 못하면 안 되고, 날카로워야 하지만 개인의 취향으로 흘러선 안 되니까요. 원하지 않아도 자꾸 겸손해질 수밖에 없는 이유가 여기에 있는 것 같습니다. 정말 쉽지 않거든요. 심하게 좋아하지 않았으면 못했을 일입니다.

▍오해 3. 표현

어려운 단어 쓰는 걸 싫어합니다. 쉬운 말을 좋아합니다. 더불어 '드립'이라 불리는 시시콜콜한 농담도 애정합니다. 솔직히 다들 메신저 대화 목록에 드립방 하나쯤은 가지고 있는 거 아닌가요? 회사나 학교에서 힘든 일이 있을 때 그 방에다 쏟아내면 소화제 한 알 삼킨 느낌이잖아요. 유머 코드 잘 맞는 친구들이 '아?' 하면 '어!' 하고 알아차려줄 때, 내가 날린 개그 하나에 'ㅋㅋㅋ'가 무한대로 찍혀올 때, 그러면서도 누구보다 위로가 되고 의지가 됨을 느낄 때, 쉽고 친근한 화법의 힘에 다시 한번 감탄합니다.

책을 읽다 보면 당연히 비교하는 눈이 생깁니다. 어려운 내용을 어렵게 쓰는 사람이 있고, 쉬운 내용도 어렵게 쓰는 사람이 있죠. 하지만 어려운 개념을 누구나 이해할 수 있게, 그것도 쉽게 잊혀지지 않게 매력적으로 풀어내는 작가를 보면 그 사람과 자주 이야기하고 싶다는 생각이 듭니다. 적절한 비유와 상징, 적당히 고른 호흡, 진솔하지만 밍밍하지 않은 문체는 늘 읽는 사람을 설레게 하니까요.

가끔 친구들이 놀리듯이 말합니다. "넌 맨날 책 읽으면서 이런 말도 모르냐." 하지만 저는 어려운 것을 쉽게 쓰고 싶어서 책을 읽습니다. 그리고 이게 정말 힘든 일이라는 걸 알기 때문에 꾸준히 읽고 생각하고 쓰는 연습을 합니다. 누군가와 말이 통하기 위해서는 서로의 역할이 중요하듯, '읽는 입장'인 우리도 노력이 필요한 거니까요.

사석에서 만난 어느 작가분이 글쓰기와 관련해 이렇게 말한 것이 기억납니다.

"자신이 없을 때는 ○○의 ○○라는 표현을 쓰면 돼요. 그리고 가능한 저 ○○은 어려운 말로 채우면 됩니다. 그러면 독자들은 무심코 넘어가거나 스스로 해석하려다가 더 좋은 답을 찾거든요. 하하. 대신 나는 무책임한 작가가 되는 겁니다. 어렵게 글을 쓰는 사람들은 죄책감을 가져야 해요."

가장 적합한 의미와 느낌을 담기 위해 이 단어를 쓰는 건지 아니면 그저 단어 하나에 모든 역할을 맡긴 채 글쓴이 스스로 도망쳐버리는 것은 아닌지, 늘 긴장하며 읽고 써야 하는 이유죠. 우리, 글 좀 읽었다고 해서 섣불리 아무 단어나 가져다 쓰지 말자고요. 쉽고 간결하고 진솔하고 재미있게 표현하는 연습을 합시다! (물론 이 책 '기획자의 독서'는 가장 적절하고 명확한 단어를 찾기 위해 최선을 다했습니다.)

▎오해 4. 특성

저는 낯가림이 조금 심한 내향적인 성격입니다. 성인이 된 후 MBTI 검사를 4~5차례 정도 해봤는데 그때마다 Introversion(내향성) 성향을 벗어나 본 적이 없습니다. 스스로 피곤하고 예민하다고 느낄 때도 많지만 그래도 그럭저럭 살아갈 만합니다. 문제는 다른 사람이 저를 굉장히 외향적으로 볼 때가 있다는 게 문제라면 문제죠.

특이하게도 저는 일대일로 사람을 만나는 자리는 어색해하지만 반대로 많은 사람을 대상으로 이야기하는 것에는 전혀 부담감을 느끼지 않습니다. 오히려 사람이 많으면 많을수록 한 사람에게만 집중해야 하는 부담감이 적어서 더 편하게 느낍니다. 아마 저를 외향적이라고 오해하는 이유도 이와 무관하지 않은 것 같아요.

먼저 다가가 말 붙이는 걸 어려워하는 성격이다 보니 생존의 방식이 조금 다른 방향으로 진화(?) 했습니다. 바로 '관찰'이죠. 저는 사람이든 물건이든 관찰하는 것을 정말 좋아합니다. 꼭 뭔가 정보를 캐내야겠다는 의중으로 관찰하는 것은 아니고요, 그저 관심을 가지고 들여다보는 걸 즐깁니다.

그중에서도 저는 커뮤니케이션을 관찰하는 것을 가장 좋아합니다. 말이든 글이든 표정이든 행동이든 각자가 '나를 타인에게 보여주는' 방식이 참 재밌거든요. 그래서 친구나 직장 동료들의 말하는 스타일을 자주 흉내내곤 하는데 주위 사람들이 신기해할 때가 많습니다. 그 사람이 쓰는 단어, 말을 끝내는 방식, 특이한 어조 등을 캐치하는 게 특별한 능력처럼 보이나 봅니다. 실은 모두 관찰하다가 얻어진 것들인데 말이죠.

관찰하는 습관은 일을 하는 데 제법 많은 도움을 줍니다. 기획을 하다 보면 관심을 가지고 들여다봐야 할 대상이 참 많거든요. 업계의 많은 고수분들이 늘 '관찰'의 중요성을 강조하는데, 사실 저는 기획자로서 관찰하는 습관이 중요한 이유는 딱 한 가지인 것 같습니다.

바로 '이해하는 힘'이죠. 관찰을 하면 그 대상의 특징적인 부분들이 레이더에 포착되고, 그걸 밀도 있게 반복해서 들여다보면 더 잘 이해되기 마련입니다. 조금씩 이해하기 시작하면 더 궁금한 것들이 생기고 때로는 다른 대상과의 공통된 연결고리가 발견돼서 의외의 가지치기를 할 수도 있습니다.

가끔 제가 관찰하고 상상한 것과 그 실제가 전혀 다를 때도 있어요. 하지만 이때도 신선한 충격을 받습니다. 그런 의외성과 놀라움이 오히려 더 좋은 자극이 되는 거죠.

나이가 서른 중반을 훌쩍 넘겼으니 타고난 성격이 180도 달라질 가능성은 이제 거의 없어 보입니다. 그러니 아마 앞으로도 저는 조금 내향적이지만 그래도 그 성격을 나름 잘 보듬고 살아가는 사람이지 않을까 싶네요.

더불어 '관찰'하는 습관 역시 꾸준히 몸에 지니고 있을 생각입니다. 주변에 있는 무엇을, 또 누군가를 궁금해하고 이해하려는 사람으로 말이죠.

BOOK MARK

사람 간에 오해란 늘 생기기 마련입니다. 그런데 때로는 내 주위에 조용히 먼지처럼 내려앉은 오해들도 있는 것 같아요. 걷어내기 귀찮아서 그대로 두기도 하고 혹은 누군가 나를 오해하고 있는 것조차 모를 때도 있죠.

남이 오해를 하든 말든 신경 쓰지 않고 사는 게 편할 때도 있지만 가끔은 봄날에 이불 털듯 내게 쌓인 오해들을 털어낼 필요도 있는 것 같습니다. 다름 아닌 '나'를 위해서요. 오해가 걷히면 나다움이 더 또렷해지고, 그럼 내가 나를 오해할 일도 적어지니까요.

"독서습관이 사망했습니다."

늘 멘토처럼 저를 아껴주시는 업계 선배를 만나자마자 이 말부터 튀어나왔습니다. 신입사원으로 사회생활을 시작한 뒤 얼마 되지 않았을 무렵이었죠. 항상 좋은 책들을 많이 추천해주시는 건 물론이고 때로는 책을 가지고 긴 이야기를 함께 나누기도 하는 분인데, 오랜만에 얼굴을 뵈니 저도 모르게 고해성사를 하게 된 겁니다.

그렇습니다. 직장인이 되고 가장 크게 달라진 것 중 하나는 다름 아닌 독서습관이었습니다. 나름 책을 좋아하는 편이라 생각했는데 회사원이라는 딱지를 달고는 한 달에 한 권 읽기조차 버거울 때가 많더라고요. 오랜 시간 같은 책을 붙들고 있다 보니 매번 읽던 부분에서 크게 나아가지 못한 채로 싫증이 나는 일도 잦았죠. 더불어 각종 문서와 이메일 등 하루 종일 텍스트와 뒹구는 직업적 특성 때문에 활자 피로도만 더 높아지고 있었습니다.

아니 무엇보다 책을 고르는 방식에도 문제가 있었어요. 이왕이면 직무에 도움이 되는 책을 읽어야 한다는 욕심이 밑도 끝도 없는 강박을 만들어냈고, 그렇게 평소 좋아하던 분야의 책들은 늘 책장 한편에서 기약 없는 긴 잠에 빠져들었습니다. 정말이지 독서습관이 종말로 치닫는 느낌이었습니다.

"그럴 때가 있지. 나는 첫 애를 낳고서였어. 그전까지는 시간이 없어 책을 못 읽는다는 게 다 핑계인 줄 알았거든. 근데 아들 녀석이 돌쯤 되었을 때인가, 내가 전기요금 고지서만 보고 있어도 확 뺏어가서 찢어버리는데, 그때서야 알았지. 육아의 전쟁터 속에서 언감생심 책이라니, 내가 순진했구나…."

한편으로는 저 선배도 그런 시절이 있었구나 싶어 동질감이 느껴지다가도 육아라는 큰 세계에 몸담고 있는 분 앞에서 괜한 어리광을 부린 것 같아 부끄럽기도 했습니다. 〈그렇게 아버지가 된다〉는 영화 제목처럼 이렇게 현실과 타협하며 절친한 취미를 하나씩 떠나보내는 것이 진정한 직장인이 되는 과정인가 싶었죠. 우울함이 파도처럼 밀려오려던 찰나, 선배의 질문이 귀에 꽂혔습니다.

"책을 가장 재미있게 읽었던 때가 언제야? 가장 열심히 읽었을 때는? 무작정 시간이 많이 남아서 그렇게 읽은 건 아니었을 걸? 그때 기억을 더듬다 보면 다시 네 페이스를 찾을지도 모르지."

그러게요. 언제였을까요. 가장 열심히 그리고 열정적으로 책을 읽었을 때가.

확실히 대학생 때 책을 제일 많이 읽은 것 같긴 합니다. 그때는 기숙사 바로 아래가 중앙도서관이라 딱히 읽어야 할 의무가 없어도 습관 삼아 책을 빌려오곤 했거든요. 이 책 읽다가 저 책도 읽어보고, 가끔은 책 표지와 안면만 튼 상태로 반납하고 또 다른 책을 빌리고. 그런 과정을 여러 차례 반복하며 마음에 드는 책에 조금씩 다가간 기억이 있습니다.

그럼 가장 열심히 읽었을 때는 또 언제였을까요. 돌이켜보니, 정말 딱 한순간이 제 머릿속을 스치고 지나갔습니다.

'문학과 정치.'

그래! 친한 선배들이 모두 말리던 그 수업!

▋ 습관의 시작

때는 대학교 2학년 1학기였습니다. 저는 대학에서 정치외교학을 전공했습니다. 딱히 뜻이 있어서 진학한 것은 아니었고 당시 가고 싶었던 언론홍보학과가 제 수능 점수로 간당간당해 보여서 그 아래 학과를 지원한 것이었죠.

큰 뜻 없이 고른 전공치고는 그래도 나름 재미가 있었습니다. 의외로 정치외교학과는 정말 많은 걸 배우거든요. 사회, 경제, 역사, 철학, 언론, 행정, 법학, 문화, 언어 등 인문학 전반에 걸친 다양한 분야를 다룹니다. 깊이에는 한계가 있지만 적어도 범위의 영향력만큼은 타의 추종을 불허하는 학문 중 하나죠.

그러던 와중에 교내에서 명강의로 꼽히는 수업을 하나 신청하게 되었어요. 바로 '문학과 정치'라는 과목이었습니다. 그런데 제가 그 강의를 신청했다고 하자 선배들은 나라의 운명보다 제 다음 학기를 더 걱정해주기 시작했습니다.

"그걸 듣겠다고? 너 진짜 각오 단단히 해야 돼. 분명 명 강의인 건 맞지만, 거의 매주 책을 읽고 서평을 제출해야 되거든. 게다가 교수님과 토론까지 해야 하는 수업이라고. 근데 그 책들이 보통 책인 줄 알아? 제목만 들어도 숨이 턱턱 막히는 책들이라니까."

수업을 듣고 난 사람 입장에서 돌이켜 보면 한치의 거짓도 없는 조언이었습니다. 정말 그랬거든요. 강의계획서에 나와 있는 책들은 부잣집 서재 한편을 멋지게 자리하고 있을 법한 세계 문학전집을 방불케했습니다.

가브리엘 마르케스의《백년 동안의 고독》, 존 스타인벡의《분노의 포도》, 괴테의《파우스트》를 비롯해 자의로는 거의 읽을 리 만무한 책 제목이 나열되어 있었거든요.

게다가 매주 서평을 쓴 다음, 책의 내용과 그 책이 쓰인 시대적 배경 등에 관해 이야기를 나누어야 한다는 사실이 더 큰 부담이었습니다. 첫 수업만 듣고서 수강을 취소해야겠다는 마음이 서서히 굳어졌죠.

그런데 강의 첫 시간, 교수님께서 뜻밖의 말씀을 하셨습니다.

"사실 쉽지 않은 책들인 건 분명해. 내가 숙고하면서 골랐지만 너희들에게는 재미없을 수도 있고 말이야. 근데 너희가 지금 아니면 이 책을 읽을 기회가 또 있을까? 이렇게 수업으로 만들어줘도 읽기 싫어하는 이 책들을? 그러니 이번 기회에 이 책들과 한 학기를 같이 부대끼며 살아보는 거야. 읽다 지겨우면 다른 쉬운 책도 좀 보고, 그러다 다시 돌아와서 또 읽고 그러는 거지 뭐. 그래도 나중에 '아, 내가 이런 책도 읽어봤구나' 하는 기억은 남잖아."

무겁고 진중한 강의 계획을 설명하실 줄 알았는데 보기 좋게 제 예상을 빗나갔습니다. 다 이해 못 해도 좋으니 이해한 만큼만 서로 이야기하면 된다는 말씀에 그냥 혹해버린 거죠. 그렇게 책과 함께 웃고 우는 한 학기를 보내게 되었고 결국 강의계획서에 있던 책들을 모두 읽어냈습니다. (그렇습니다. 읽었다기보다는 읽어냈다는 게 맞겠네요.)

수업은 소문대로 명강의였습니다. 보통의 정치학 강의는 시대순이나 주요 이론별로 내용이 진행되는데, 이 강의에선 책 한 권을 매개 삼아 그 뒤편에 있는 역사적, 철학적 배경을 들여다볼 수 있어 매우 독특한 경험이었습니다. 서평을 써내느라 고생깨나 했지만 글 쓰는 연습도 제법 되었고 말이죠.

뭐 그렇다고 갑자기 제 지식과 사상이 비약적으로 발전하는 일은 없었습니다. 이 강의를 계기로 문학 청년의 길을 걸으며 모든 고전을 섭렵해보겠다는 마음도 전혀 들지 않았고요.

대신 뜻밖의 소득이 있었습니다. 무엇보다 책에 대한 두려움을 한 꺼풀 벗겨내게 된 것이죠.

정말이지 그다음부터는 어떤 책을 봐도 큰 거부감이 들지 않았습니다. 600페이지가 훌쩍 넘는 두꺼운 책을 만나도, 어디 붙어 있는지도 모르는 나라의 로컬 문학이라고 해도 저는 태연합니다.

'제아무리 어려워도 칸트의 《순수이성비판》만큼 어려울까' 하는 마음의 소리가 이미 귓가에 울리고 있거든요.

그리고 또 다른 한 가지 소득은 책을 읽는 습관이었습니다.

강의에서는 2주마다 한 권의 책을 다뤘는데요, 사실상 그 책을 이해하기 위해서 다른 연관된 책들도 봐야 했습니다. 그러다 보니 보통 서너 권의 책을 2주 안에 읽어내야 했죠. 말이 2주지 시간이 너무 빠듯해서 늘 지정된 책만 완독하고 나머지 책들은 부분만 발췌해서 읽거나 대충 훑어보는 수준이었던 것 같습니다.

근데 참 신기하게도 이 패턴이 몸에 익기 시작했습니다. 수업이 끝난 이후로도 늘 2주 텀에 맞춰 책을 읽게 된 것이죠. 2주 동안 읽을 책을 고르고, 2주가 지나면 다음 2주간 읽을 책을 다시 고르는 패턴이 반복되었습니다. 학생 신분이다 보니 대개는 책을 빌려서 읽었는데, 도서관 대출 기간이 대부분 2주인 것도 이 습관을 붙이기에 알맞았습니다. 빌린 책들을 반납하며 새로 읽을 책들을 다시 고르면 되니까요.

▌습관의 재발견

선배의 질문 덕분에 한동안 묻어둔 기억이 다시 선명해졌습니다. 책을 가장 많이, 열심히 읽던 시절의 그 기억 말이죠. 어디서부터 어떻게 독서습관을 회복해야 할지 막막했던 제게 아주 작은 빛이 보였습니다.

'그래, 여기서 다시 시작해보자. 그 수업을 한 번 더 수강한다는 마음으로.'

—

2주 후에 뵙겠습니다

우선 2주를 기점으로 읽고 싶은 책을 골랐습니다. 욕심내지 않고 일단 한 권씩만 정했고요. 혹시라도 2주 안에 다 읽지 못하면 쿨하게(?) 다른 책으로 갈아탔습니다. 다 못 읽은 책은 한동안 다시 리스트에 올리지 않았습니다. 마치 라디오에서 흘러나오는 음악을 듣는 것처럼 그 시간을 못 맞추면 그냥 지나쳐가게끔 한 것이죠. 대신 또 새로운 책들을 고를 기대감에 들떴습니다. (그리고 생각보다 2주는 빨리 돌아옵니다.)

—

내가 출근하면 책도 같이 출근합니다

읽을 책은 주로 회사 책상에 두었습니다. 점심시간에 잠시라도 짬을 내어 읽는 게 더 효과적이었거든요. 퇴근 후 시간이 좀 여유롭겠다 싶으면 다시 집으로 가져와 조금 더 읽고, 다음 날 또 회사에 갖다 두기를 반복했습니다.

매일 조금씩이라도 읽으니 막힌 생각을 환기하는 데도 도움이 되고 분량에 대한 부담도 크지 않더라고요. 무엇보다 책이 눈에 보이는 곳에, 손만 뻗으면 닿을 수 있는 곳에 있으니 이유 모를 조급함이 사라졌습니다. 시간이 허락할 때마다 읽으면 되고 혹시라도 다 읽지 못하면 다음 인연을 기약하면 되니까요.

이 책이 메인이고, 저 책들은 사이드 메뉴입니다

독서습관이 서서히 회복된다고 해서 욕심을 부리지는 않았습니다. 우선 2주 안에 주력해서 읽을 책 한 권을 고르고, 나머지는 가벼운 내용이나 분량이 적은 책들을 골랐습니다.

음식을 먹을 때 구성을 잘 맞춰야 맛있게 먹고 잘 소화할수 있잖아요. 책도 마찬가지인 거죠. 메인으로 선정된 책을 읽다가 조금 지친다 싶으면 잠시 다른 책으로 옮겨가 다른 분위기를 느끼다 돌아옵니다. 예상보다 메인 책을 빨리 읽게 되면 느긋하게 나머지 책들을 읽을 수도 있죠. 관심이 가는 분야가 있으면 비슷한 주제나 연관성 있는 책들을 묶어 그렇게 2주간의 읽을거리를 완성했습니다.

저는 새로운 책을 고르는 시점을 격주 수요일로 선택했는데요, 왠지 월요일은 다른 할 일도 많아 부담감이 클 것 같고, 주말은 약속이나 여행 등으로 혹여 책을 고르는 게 소홀해질까 봐서였습니다. 그리고 이 선택은 나쁘지 않았던 것 같아요. 한 주의 중심인 수요일이 제겐 가장 알맞았거든요.

6개월의 생이별

앞서 말했듯 다 읽지 못한 책은 한동안 리스트에 올리지 않았습니다. 언제까지요? 저는 그 기간을 6개월 정도로 정했습니다. 다 못 읽은 책을 다시 리스트에 올려봤자 또 실패할 확률이 크거든요. 그럴 땐 시간이 약입니다. 한동안 거리를 두고 있다가 다시 손에 쥐는 거죠. 그동안 다른 책들을 읽으며 그 책에 대한 준비운동을 할 수도 있고, 어쩌면 시간이 흐른 만큼 우리의 생각과 마음이 조금이라도 자라 이제는 책을 받아들일 자세가 갖춰졌을지도 모를 일입니다.

사실 꼭 그런 이유가 아니더라도 일정한 시간이 지나고 다시 만나는 모든 것은 그만의 새로움이 있다고 생각해요. 안 좋은 기억을 잊기엔 충분하고, 또 모든 걸 까마득히 지우기엔 이른 시간이니까요. 어려워서, 지루해서, 공감이 안 돼서, 바빠서, 눈이 아파서, 책을 읽을 기분이 아니어서…. 뭐 어떤 이유여도 괜찮습니다. 걱정하지 말자고요. 우린 6개월 뒤에 또 만날 거니까요.

▌습관의 회복

마음 같아선 '기적처럼 독서습관이 부활했다'라고 쓰고 싶지만 역시나 인생은 실전이었습니다. 그 뒤로도 한동안은 겨우 붙인 습관이 뒤엉키고, 다시 정신을 차리다 또 무너지고를 반복했거든요. 한 1년간은 그랬던 것 같습니다. 다행인 건 여전히 책을 열심히, 잘 읽고 싶은 마음이 떠나지 않았다는 것이죠. 방황은 했어도 언젠가 집으로 돌아가야 할 걸 알았다는 어느 가출 청소년의 인터뷰가 떠올랐습니다. 그때 제가 그랬거든요. 지금이라도 다시 책 읽는 습관을 길들이지 않으면, 저에게는 책을 좋아하는 사람이라는 타이틀이 사라지고 직장인이란 타이틀만 남을 것 같았습니다.

우여곡절 끝에 지금은 앞서 소개한 저의 습관들과 재미있게 살아가고 있습니다. 이제 회사를 다닌 지 꼬박 12년이 다 되어가고 있으니 아마 제 책 리스트 조합도 200번 넘게 바뀌었겠군요. 지루한 반복처럼 보여도 2주마다 새로운 책을 고르는 건 일상 속에서도 참 의미 있는 일입니다. 작게는 내가 2주간 관심 가질 분야를 선택해보는 것이고, 크게는 내가 앞으로 2주를 어떻게 살 것인가 하는 것과도 맞닿아 있거든요.

그 책들의 제목만 모아서 훑어봐도 2주 전의 나와, 2주 후의 내가 보일 겁니다.

드라마 〈멜로가 체질〉에 이런 대사가 나옵니다.

"사는 게 그런 건가? 좋았던 시간의 기억 약간을 가지고,
힘들 수밖에 없는 대부분의 시간을 버티는 것."

참 공감되는 말이죠. 근데 저는 습관이라는 것도 비슷하다
고 생각합니다. 습관은 바꾸거나 치료할 수 있는 게 아니라
꾸준히 회복해가는 거라는 사실을 알게 되었거든요. 좋은 습
관을 되찾으려면, 결국 과거의 어느 순간에 간절히, 열심히
살았던 경험을 꺼내어 다시 닦고, 조이고, 기름칠하며 지금의
나에게 새로 적응시키는 방법밖에는 없더라고요. 그렇게 회
복한 좋은 습관들로 다른 모자란 부분들을 조금이나마 떠받
치고 사는 게 지금의 우리가 아닐까 싶습니다.

가끔씩 그 멘토 선배를 만나면 종종 이렇게 이야기합니다.
당시 그 질문을 해주지 않았더라면 저는 한참을 헤매다 어쩌
면 영영 독서습관을 회복하지 못했을 거라고 말이죠. 그럼 선
배는 늘 이렇게 대답합니다.

"살다 보면 또 습관이 흐트러지는 순간이 오겠지. 그럼

우린 또 고치면 되는 거고! 그게 독서습관이든 아니면
다른 습관이든 말이야."

함께 '문학과 정치'를 수강했던 제 동기가 《파우스트》에 대한 서평을 매
우 훌륭하게 써냈던 기억이 납니다. 그 어렵고 심오한 책을 어떻게 간파
했냐고 제가 물었죠. 돌아오는 친구의 대답은 제 가슴에 비수를 꽂았습
니다.

"아, 나는 《만화로 독파하는 파우스트》라는 책이 있길래 그거 빌려
서 읽었지. 시립도서관 청소년 코너에 가니까 있더라고."
"…."

이 치사한 놈은 제가 '문학'을 배울 때 홀로 '정치'를 깨우치고 있었네요.
수업 이름이 똑똑히 기억나는 이유도 그래서인가 봅니다.

―――― 좋아하는 것으로부터, 잘하는 것에 닿기까지

좋아하는 걸 해야 할까요, 잘하는 걸 해야 할까요.

어른이 되면 이 질문에 대한 해답을 찾을 수 있을 것 같았는데 여전히 선뜻 답하기가 어렵습니다. 좋아하는 걸 선택하면 행복해지고, 잘하는 걸 선택하면 금방 인정받을 수 있을 거란 생각도 직장인이 되고 난 지금에서는 판타지에 가깝죠. 많은 것들이 내 계획대로 이루어지지 않고 또 세상은 그렇게 호락호락하지 않으니까요. 하지만 회사 생활을 해오며 한 가지 깨달은 것은 있습니다.

'좋아하는 것을 통해 잘할 수 있는 방법을 배운다.'

많은 회사들이 그렇겠지만 특히 IT 업계는 초반 적응력을 상당히 높게 요구하는 편입니다. 체계적인 교육과 시스템을 통해 인재를 길러내기보다는 드넓은 초원에 풀어놓고 스스로 자라도록 하는 방식을 택한 것이죠. 그래서 신입사원으로 입사하거나 다른 분야에서 경력직으로 들어온 경우 나 홀로 외딴 섬처럼 둥둥 떠 있는 기분이 들 때가 많습니다. 당연히 저도 그랬고요.

《슬램덩크》속 농구공을 처음 손에 쥔 강백호보다도 더 풋내기이던 시절, 무엇인가를 기획하는 일은 그저 멋진 아이디어만 있으면 다 해결되는 줄 알았더랬습니다. 대학 시절 공모전에서 상 좀 타본 사람들은 다 한 번씩 겪는 '크리에이티브병'을 저도 앓았죠. 하지만 기획자라는 직책 앞에 놓인 건 새하얀 스케치북이 아니라 아무렇게나 뒤섞인 퍼즐 조각 같은 것들이었습니다. 그제야 정신이 들더군요. '나는 앞으로 문제를 해결하는 사람이 되어야 하는 거구나' 하고 말이죠.

▎좋아하는 것에 가장 많이 의지하게 되니까

일을 잘하고 싶은 마음이 큰들 무엇 할까요, 어떻게 해야 잘하는지를 모르는데요. 인연이 좀 있다는 업계 선배들에게는 다 SOS를 쳐본 것 같습니다. 그리고 모두에게서 각기 다른 답들이 돌아왔고요.

시간이 약이다, 모두 겪는 과정이다, 윗분들 말씀 잘 들어라, 롤 모델을 만들어라, 원래 기획은 정해진 답이 없으니 스스로 길을 만들어야 한다까지…. 현업에서 들려주는 생생하고 애정 어린 조언들이었지만, 삼킬 때마다 답답함도 함께 커져갔습니다. 지름길이 아니어도 좋으니 그저 길 비슷한 것이라도 보이면 좋겠다 싶었죠.

그러다 우연히 인턴 시절 알게 된 지인분을 만난 자리에서 의외의 이야기를 들었습니다.

"기획하는 일은, 인풋Input과 아웃풋Output의 밸런스가 좋아야 해. 어떤 형태로든 나에게 투입되는 무엇인가가 있어야 하고, 그게 아웃풋으로 잘 연결되면 더욱 좋은 거지. 기획자는 모든 영역에서 인풋을 얻지만, 역시나 내가 좋아하는 분야에 제일 많이 기대게 되더라고."

그 말을 며칠을 곱씹었는지 모르겠습니다. 생각하면 할수록 느껴지는 게 참 많았거든요. '자신이 좋아하는 것으로부터 잘할 수 있는 방법을 찾아야 한다'는 말은 점점 공감의 온도를 높여갔습니다.

생각해보니 꼭 기획뿐 아니라 모든 분야가 그렇더군요. 왜 외국어 공부법을 소개하는 전문가들도 마찬가지잖아요. 팝송으로 배우는 영어, 드라마로 익히는 일본어, 역사로 이해하는 중국어, 요리로 만나는 프랑스어까지. 대다수가 자신이 가장 좋아하는 분야와 연결 지어 한 단계 더 성장할 수 있는 법을 소개하고 있으니까요.

좋은 아웃풋을 위해서는 좋은 인풋이 있어야 하고, 좋은 인풋이란 곧 '좋아하는 것으로부터의 인풋'이기도 한 것이죠.

'나만의 인풋 1호'를 발견하는 데까지는 그다지 오랜 시간이 걸리지 않았습니다.

자주, 편하게, 가까이서, 쉽고, 다양하게, 그것도 큰돈 들이지 않고 만날 수 있는 건 항상 책이었거든요. 무엇보다 저는 '기획의 산물'로서의 책을 늘 좋아했습니다.

책의 형태나 내용뿐 아니라 인쇄지와 폰트 같은 외형적인 것들에도 관심이 큰 편이고, 배경과 기획의도, 출판하기까지의 우여곡절 같은 뒷이야기도 자주 찾아보는 편이거든요. 독서의 스펙트럼이 매우 넓다거나 사유의 깊이가 아주 깊지는 않지만, 책을 꼼꼼히 뜯어보고 가지고 놀기(?) 좋아하는 성격이라고 할 수 있겠네요.

그러니 저에게 언제나 좋은 인풋이 되어준 것은 다름 아닌 책이었습니다.

—

마중물

펌프에서 물을 끌어올리기 위해서는 일정량의 물을 주입해야 합니다. 내부에 차 있는 공기를 빼고 물이 제대로 돌 수 있도록 준비하기 위함이죠. 이것을 '마중물'이라고 부릅니다. (이름도 참 이쁘죠? 개인적으로 좋아하는 우리말 중 하나입니다.)

저는 일을 할 때 이 '마중물'을 매우 중요하게 생각합니다. 흔히 말하는 영감이나 자극을 얻는 것과는 좀 다른 의미인 것 같아요. 꼭 뭔가 번뜩이는 걸 얻으려 하기보다는 실제 마중물이 하는 역할처럼 머릿속의 쓸모없는 것들을 걷어내고 새로운 생각이 잘 흐를 수 있도록 준비하는 것이죠.

사람은 각자의 마중물이 있습니다. 좋은 레퍼런스가 될 만한 이미지나 영상을 마중물로 쓰는 사람이 있고, 아예 특정한 장소나 공간을 방문해 스스로를 워밍업시키는 사람도 있으니까요. 모두 저마다의 인풋을 얻기 위한 준비 과정이라 할 수 있습니다.

제 마중물은 텍스트입니다. 메마른 머릿속에 글을 한 바가지 부어넣으면 꽤 커다란 동력을 가져다주거든요. 물론 이미지나 영상 같은 다양한 마중물을 안 써본 것은 아닙니다. 필요에 따라 써야 할 때는 또 언제든 환영이고요.

그런데 저는 아무런 밑천(?)이 없는 상태에서 구체화된 시각 자료와 맞닥뜨리면 그 잔상이 꽤 진하게, 또 오래 남는 편입니다. 그래서인지 여유롭게 생각할 시간을 뺏긴 채 뭔가 하나라도 빨리 선택해야 할 것 같은 조바심이 나더라고요. 적어도 일을 시작하는 단계에선 스스로 머릿속에 그림을 그리며 자유롭게, 충분히 생각하고 싶은데 말이죠.

그런 제게 글은 좋은 매개체이고, 책은 훌륭한 마중물입니다. 그렇다고 늘 책을 통해 배경지식만 쌓는 것은 아니에요. 오히려 관심 가는 분야의 책을 골라 목차나 구성 등을 살피고 그 '짜임'을 보는 편입니다.

혹은 이 책이 어떤 기획을 통해 탄생했을지 상상해보기도 하죠.

작가는 무엇을 말하고 싶었고 어떤 글을 쓰고 싶었을까.

그리고 편집자는 어떻게 엮어내려 했고, 출판사는 어떻게 팔려고 했을까. 이 책은 얼마만큼의 영향력을 가졌을까. 어떤 책과 비슷하고 또 어떤 책과 다를까. 독자들은 어떻게 반응했을까. 왜 열광했을까. 왜 논란이 생겼을까. 왜 주목받지 못했을까.

책 한 권을 두고도 끊임없이 질문을 던지다 보면 어느 순간 하나의 완성된 기획서를 본 듯한 느낌이 들 때가 있습니다. 물론 실제와 다를 가능성이 더 크겠죠. 하지만 우리의 목적은 어디까지나 '준비'니까요. 머릿속의 생각을 정리하고 새로운 것을 기획할 마중물을 붓는 겁니다.

—

시대정신

기획은 그 시대의 분위기를 담아냅니다. 거창하게 들릴 수 있지만 사실 이건 필연적이죠. 사람들이 좋아하는 것, 필요로 하는 것을 잡아내기 위해서는 우리가 머물고 있는 시대상을 이해하지 않을 수 없기 때문입니다.

"에이, 요즘은 이런 거 안 먹혀요."

일을 하다 보면 이 한마디가 주는 임팩트는 상당한데요, 유행이 지났다 혹은 너무 흔해지거나 시시해졌다는 의미도 되겠지만 그 밑바닥에는 '시대의 분위기를 읽지 못했다'는 전제가 깔려 있습니다. 흐름이 변했고 시각이 달라졌고 가치관이 변했다는 얘기죠.

콘텐츠 중에 시대정신을 반영하지 않는 분야는 거의 없지만 그중에서도 책은 참 빠르고 다양하게 우리의 시대를 투영합니다. 서점에 깔린 수많은 책들의 제목만 훑어봐도 그 분위기가 느껴지니까요. 시대가 어디로 흐르고 있는지 그 속에서 사람들은 어떤 목소리를 내는지가 보이는 거죠.

기획을 하는 사람으로서 한 시대를 아우르는 가치관에 관심을 가지는 것은 중요함을 넘어 당연한 일입니다. 최소한의 교양 같은 거라고 해야 할까요? 표면으로 드러나는 현상들만을 좇는다고 해서 트렌디한 사람이 되는 것 같지는 않거든요. 오히려 수면 아래에 넓게 퍼져 있는 공감대를 이해하려는 노력이 기획자에게 더 좋은 양분이 된다고 봅니다.

의외로 소설이 그 역할을 톡톡히 할 때가 많은 것 같아요. 사실보다 더 진짜 같은 소설이 있다는 게 괜한 소리는 아니더라고요. 사람들에게 사랑받는 소설은 그 시대와 사회의 대부분을 담아내고 있습니다. 인물의 이야기를 따라가면서 작가가 흘려놓은 메시지를 하나둘 주워모으는 경험은, 자연스러우면서도 또렷하게 세상을 이해하게 해주는 좋은 시퀀스입니다.

그런데 책을 좋아하더라도 유독 소설책만은 가볍게 여기는 사람들을 종종 만납니다. 너무 감상적이라서 별로라거나 딱히 유용한 정보 없이 재미 위주로만 쓰인 게 맘에 들지 않는다는 게 대표적인 이유더라고요. 각자 좋아하는 책의 분야를 존중하니 강요는 하지 않지만 저는 꼭 이 말만큼은 덧붙여줍니다.

"재미를 위해 쓰인 그 감상적인 이야기 속에 가장 리얼한 세계가 담겨 있다"라고 말이죠.

그러고 보니 왜 생각이나 흐름을 '읽다'라고 표현하는지 한편 이해가 되는 것도 같네요. 맥락과 이야기를 따라 자연스럽게 느끼고 받아들여가는 과정이 결국 '읽는' 행위이기 때문은 아닐까요? 시대를 따라 책을 읽는 것도, 책을 따라 시대를 읽는 것도 모두 필요한 이유입니다.

—

딥 다이브

기획의 내용이 부실할 때면 여지없이 들려오는 말, 바로 '딥 다이브Deep Dive(철저한 분석)'죠. 무엇인가를 기획하는 일은 물속 깊은 곳에 들어가 바닥에 떨어진 동전을 줍는다는 생각으로 해야 한다는 의미입니다. 그러니 고민의 깊이가 부족할 때면 '너 지금 동전 다 주워온 거 맞아?'라는 피드백을 듣게 되기도 하죠.

'오르에르', '포인트오브뷰' 등 핫한 공간들을 기획한 '아틀리에 에크리튜' 김재원 대표님의 인터뷰를 본 적이 있습니다. 그분을 대표하는 수식어가 바로 '디깅Digging'인데요, 어떤 키워드 하나를 파기 시작하면 구글 검색 결과의 마지막 페이지까지 다 봐야 직성이 풀릴 정도로 집요함과 끈질김을 무기로 삼는 분입니다.

그런 김재원 대표님은 늘 자신의 브랜딩 출발점이 '단어'라고 이야기합니다. 비주얼의 끝이라는 공간 기획을 하면서도 항상 직원들에게 각자가 원하는 방향을 말로, 글로 표현해보라고 지시하죠. 끝까지 파기 위해서는 시작점을 잘 설정해야하고, 그 시작은 비주얼이기 이전에 단어와 문장에서 출발해야 한다는 이야기입니다. (알고 보니 이 회사 이름에 들어가 있는 '에크리튀Écriture'라는 표현도 '문자', '문체' 등을 뜻하는 프랑스어에서 가져왔다고 하네요.)

  얄팍한 술수가 전혀 통하지 않을 때가 바로 이 '딥 다이브'할 때인 것 같아요. 하나라도 더 깊게 들여다보려 애쓰는 만큼 내 손에 쥐어지는 동전이 늘어나니까요. 하지만 맨땅에 헤딩하는 식으로는 한계가 있습니다. 레이더를 좁혀서 어디부터 파 내려갈지 정도는 정해야 헛수고를 덜 수 있죠.

  저 또한 구글링도 하고 나무위키도 열심히 들여다보지만, 역시 책을 통해 하는 딥 다이브가 가장 임팩트가 큰 것 같아요. 여러 정보가 흩어져 있는 검색 결과나 방대한 정보를 압축해놓은 위키피디아에 비해 책은 글쓴이의 관점을 기반으로 파 내려갈 수 있다는 게 가장 큰 장점입니다. 바닥까지 내려가야 하는 깊은 여정이 혼자가 아니라 덜 외로운 거죠. 시간은 조금 걸리더라도 생각이 정리되고 관점이 생겨나는 과정이 저는 좋습니다.

  잠깐 제가 하고 있는 일에 대한 얘기를 해볼까 합니다.
  브랜딩 일은 상위 기획을 해야 하는 경우가 많습니다. 사람들의 니즈를 모으고 그들을 둘러싼 환경을 잘 정리해서 어느 부분을 출발점으로 할 것인지 그리고 어디까지, 어떻게 뻗어 나갈 것인지를 설계하는 매우 중요한 업무죠. 시작점을 잘못 설정하면 엉뚱한 곳으로 공이 날아가고 경로를 허술하게 그리면 모두를 험난한 여정 속으로 빠뜨리게 되는 만큼 말 그대로 '깊은 고민'이 필요한 기획입니다.

저는 무엇보다 이 상위 기획을 위한 훈련에 있어 책의 도움을 많이 받았습니다. 그중에서도 특히 정의, 행복, 인간, 실존 같은 사회의 주요한 대전제들을 다루는 책들이 좋은 도구가 되어주었죠.

사실 브랜딩은 인식을 만들고 경험을 디자인하는 것이라 할 수 있는데요, 그 때문에 우리가 흔히 알고 있는 추상적인 개념을 해체하고 다시 조립하는 과정을 수없이 반복해야 합니다. 서비스 이름 하나, 심볼 하나를 정하는 데에도 왜 이 이름은 우리가 추구하는 가치들을 담을 수 없는지, 왜 이 디자인은 앞으로 나아갈 방향과 일치하지 않는지 엄청난 토론을 해야 하죠.

이러한 과정을 이겨내기 위해서는 일상에서 쉽게 지나치는 작은 개념들에 대해서도 '딥 다이브'를 해야 합니다. 그래서 늘 추상적이고 철학적인 것에 질문을 던지는 연습이 필요하죠. 가끔은 너무 어려워 끝까지 완독하지 못하는 책들도 많지만 그래도 우리 삶에 큰 화두를 제시하는 책들은 일부러 읽으려고 노력합니다. 그런 책은 대부분 두껍고 또 전문적인 분야를 파고드는 내용도 많다 보니 눈앞에 일이 닥쳤을 때보다는 평소에 많이 읽어두려 하는 편이고요. (사실 데드라인이 코앞이면 이런 책들을 읽는다고 한들 그 의미를 제대로 찾아낼 여유가 없어지는 것 같아요. 마음이 급할수록 시야는 좁아지게 되니까요.)

설사 읽고 나서 상세한 내용이 잘 기억나지 않는다 해도 괜찮습니다. 책을 읽으며 생각의 결을 맞추고 질문을 던지는 과정이 훨씬 중요한 것 같거든요. 좋은 사람과 대화를 할 때 그 내용을 모두 기억하는 건 아니잖아요. 나에게 공감과 영향을 준 특정한 부분이 있고 대화 전체를 둘러싼 분위기가 있는 거죠. 결국 그것들이 우리에게 자극을 주는 것처럼 책도 누군가와 대화하듯 읽는 게 맞다고 생각합니다. 대신 그 대화의 깊이가 깊을수록 여러분의 손에 동전이 들려 있을 확률도 커지는 거겠죠.

▎좋아하는 걸 계속하려면 잘하는 방법을 찾아야 한다

가끔 이런 질문도 받습니다. 그냥 네가 책을 좋아하니까 모든 것을 책과 연관 지으려 하는 거 아니냐고요. 하지만 저는 오히려 그 반대인 것 같습니다. 나름 영화도 많이 보고, 핫하다는 곳에도 자주 가보고, 뜬다는 제품이나 서비스들도 먼저 써보려고 하거든요. 아마 비슷한 직군에 계신 분들은 아실 거예요. '경험'에 대한 강박이나 의무감이 생겨나는 그 느낌을요.

그런데 그런 다양한 경험 속에서도 결국 저는 책이랑 참 잘맞다는 생각을 합니다. 다른 경험을 할 때보다 책을 읽을 때 오감이 더 잘 반응하는 기분이거든요. 머릿속에서 마음껏 상상하도록 판을 깔아주는 것도 좋고, 내용과 꼭 맞는 제목이나 표지를 만나는 것도 좋고, 모두 다 읽을 수는 없어도 매주 쏟아져 나오는 신간들을 구경하는 것도 좋고, 책을 읽고, 가지고 다니고, 이야기하고, 평가하고, 기억하는 그 모든 것이 좋더라고요. 무엇보다 저는 지금 제가 하고 있는 기획 일이 참 좋고, 그 일에 풍부한 동력을 가져다주는 책이 정말 좋습니다.

그럼 처음의 질문으로 돌아가 볼까요.
'좋아하는 것'과 '잘하는 것'.

물론 자신이 무엇을 좋아하는지, 무엇을 잘하는지를 잘 모르는 경우도 있습니다. 어디 자기소개서라도 쓸 때면 마치 그게 죄의식처럼 느껴지기도 하고요. 애정을 좀 붙일 법한 취미인 줄 알았지만 봄바람마냥 썸만 타다 사라져버리기도 하고, 그나마 이거 하나 잘하는 건가 싶었는데 각 분야마다 넘사벽 고수들이 넘친다는 사실을 알고 나면 자신감과 굿바이 인사부터 하게 되죠.

하지만 그럼에도 불구하고 내가 좋아하는 것과 잘하는 것을 찾고 연결 지으려는 노력은 꼭 필요합니다.

저는 가수 윤종신 님의 가사를 무척 좋아하는데요, 그 특유의 현실적이고 조금은 찌질한(?) 것 같으면서도 결국 사람의 감정을 움직이는 진솔한 화법이 매력적이어서입니다. 그런 윤종신 님이 한 예능 프로그램에서 우스갯소리처럼 한 말이 있더라고요.

"내가 노래를 엄청 잘하는 가수는 아니잖아. 솔직히 김연우나 박효신 급은 아닌 거 세상이 다 알고. 그럼 어쩌겠어. 가사라도 잘 써야지. '저들이 노래할 때 나는 이야기를 하자!' 이런 거지. 좋아하는 거 계속하려면 잘할 수 있는 방법을 찾아야 하거든."

자학 개그처럼 한 말이었지만 저는 그 말이 정말 멋졌습니다. 좋아하는 걸 계속하고 싶다면 잘할 수 있는 방법을 찾아야 한다는 게 무척 공감되었거든요. 그리고 저는 그 잘할 수 있는 방법도 좋아하는 것에서부터 찾을 수 있다고 생각하고요. 그러니 이 둘은 다른 것처럼 보여도 분명히 어딘가에 연결고리를 가지고 있다는 게 제 믿음입니다.

무엇보다 살아가면서 좋아하는 것도, 잘하는 것도 얼마든지 바뀔 수 있잖아요. 좋아해서 잘하게 될 수도 있고, 잘해서 좋아질 수도 있죠. 그러니 이 둘을 구분 짓고 떼 놓으려 하기보다는 자주 연결해주는 게 중요한 것 같습니다. 자석끼리도 가까이 가져가야 붙는 법이니까요.

BOOK MARK

책을 좋아하는 사람으로서 늘 궁금한 것이 있었습니다. 보통 취미란에 '독서'라고 쓰는 사람은 많지만 특기란에 '독서'라고 쓰는 사람은 한 번도 본 적이 없는 것 같더라고요. 책을 즐겨 읽는다고 말할 수는 있지만 책을 잘 읽을 수 있다고 내세우기는 어려운 분위기인가 봅니다.

저는 특기에도 '독서'라고 쓰는 사람이 많아졌으면 좋겠습니다. 자신이 책을 어떻게 읽는지, 어떻게 대하는지, 어떻게 활용하는지, 어떻게 공유하는지를 이야기할 수 있는 사람이 늘어나길 바라봅니다. 세상에 그저 좋아하는 정도에만 머물러야 하는 것들이 딱 정해져 있는 것은 아니니까요.

이유를 찾다 보면 조금 더 선명해질지 몰라 ————

저는 다른 사람들이 어떤 책을 읽는지도 늘 궁금합니다.

책을 좋아하는 지인들에게는 자주 물어보곤 하죠. 요즘 무슨 책을 읽는지, 제게 추천해 줄 만한 책이 있는지 등등을요. 놀라운 건 사람들 저마다 참 다양한 책을 읽고 있다는 사실입니다.

얼마 전에 만난 친구는 정원을 꾸미는 법에 관한 책을 읽는 중이라고 하더군요. 친구의 말에 따르면 자기가 사는 원룸은 오후 4시쯤이 되어서야 겨우 햇빛이 들어오고 그마저도 한 시간 뒤에는 자취를 감춘다고 합니다. 햇빛이 많이 필요한 식물을 기르기가 어려운 구조여서 자신에게 맞는 식물을 찾아보던 중 정원의 세계가 궁금해져 그 책을 선택했다고 하네요.

먼 훗날 정원이 딸린 집을 사고 싶다는 꿈으로 책을 펼쳤는데 그 안에는 0.5평 남짓한 베란다에 나만의 정원을 만드는 방법도 담겨 있었다며 즐거워했습니다.

이처럼 그 사람이 책을 고르게 된 이야기를 거슬러 올라가다 보면 꽤 다양한 배경과 이유를 만날 수 있습니다. 호기심이 발동해서, 위로받고 싶어서, 다른 사람의 인생을 들여다보기 위해서, 나와 비슷한 고민을 하는 누군가와 공감을 나누고 싶어서…. 마음속에 흩어져 있던 각자의 목마름이 좋은 책을 만나는 순간, 마치 나에게 꼭 맞는 신발을 찾은 것 같은 기분 좋은 편안함을 느낄 때가 있죠.

그러니 때로는 지금 읽고 있는 책 한 권이 그 사람이 머물고 있는 세상을 대신 보여주기도 합니다.

하지만 조금 의외라고 생각되는 부분도 있습니다. 책에 대한 '감상'이 바로 그것인데요, 각자 그렇게 다양한 책을 읽고 있으면서도 그 느낌에 대해 물으면 돌아오는 대답은 대부분 비슷하기 때문입니다.

책 내용이 맘에 드는 경우엔 "되게 재밌어", "그럭저럭 읽을 만해", "난 좋았어", "작가가 대단한 사람이더라" 정도에서 머무는 대답이 많죠.

반대로 책이 별로라면 그 피드백마저도 더 짧고 박해집니다. "재미없어", "나랑 안 맞아", "잘 안 읽혀", "하나도 공감이 안돼"라는 식으로요.

책에 관해 이것저것 묻기 좋아하는 저로서는 꽤나 아쉬운 지점입니다. 물론 제가 이렇게 자세히 물어보는 걸 귀찮아하는 사람들도 많습니다. "궁금하면 직접 읽어보지 왜 계속 물어"라는 말이 곧 입 밖으로 튀어나올 것 같은 표정을 짓는 친구도 더러 있으니까요.

고백하자면 꼭 책에 대해서만 그런 것은 아닙니다. 사실 저는 분야를 막론하고 '좋아하는 이유'와 '싫어하는 이유'를 찾는 것을 즐기거든요. 왜 사람들이 열광하는지 아니면 어째서 대중들에게 외면받는지를 파고 들어가는 게 이제는 개인적인 취미 중 하나로 자리잡은 느낌입니다.

그렇다고 심오한 이론에 빗대 분석을 하거나 과한 의미 부여를 하는 타입은 전혀 아니에요. 오히려 이유를 찾지 못한 채 빈손으로 되돌아오는 때가 더 많죠. 아니면 제 예상과는 전혀 다른 방향으로 흘러가는 것들을 실 끊어진 연 보듯 멍하니 감상하거나요.

하지만 그것 역시도 나름의 재미가 있습니다. 이유를 찾든 못 찾든 혹은 잘못된 이유를 찾다가 실패를 맛보든 간에, 아마도 그 과정이 주는 즐거움을 못 잊는 거겠죠.

이건 직업과도 관계가 있는 것 같아요. 하고 있는 일의 특성상 정말 수많은 제품과 서비스, 또 브랜드들을 들여다봐야 하는데 단순히 소비하는 사람의 입장으로 볼 수만은 없거든요.

'저건 품질도 별로고 디자인도 별로인데 왜 필수 아이템으로 자리 잡은 걸까?', '한때 인스타그램에 너도 나도 인생 사진을 남기던 곳이었는데 왜 하루 아침에 시들해졌을까?', '성수동, 망원동, 익선동…. 그다음은 또 어느 거리에 열광하게 될까?' 이런 생각이 시도 때도 없이 머리를 장악할 때면 동료 마케터가 한 격언(?)이 문득 떠오릅니다.

"마케팅이란 팔리는 것과 팔리지 않는 것의 끊임없는 대화다!"

(역사학자 E. H. 카Edward Hallett Carr가 말한 "역사란 과거와 현재의 끊임없는 대화다"를 패러디한 것이었죠.)

얼마나 좋아하는지가 아니라 어떻게, 왜 좋아하는지

잠깐 영화 얘기 하나 해볼게요. 2004년에 개봉한 〈사이드웨이〉라는 작품이 있습니다. 와인을 소재로 한 영화인데요, 무겁지 않은 유쾌한 내용이면서도 곳곳에 생각을 곱씹게 하는 포인트가 많아서 좋았던 기억이 납니다. 무엇보다 캘리포니아를 따라 펼쳐진 넓은 와인 농장을 감상하기에 더없이 훌륭하기도 하고요.

영어교사이자 작가 지망생인 주인공 '마일즈'는 이혼 후 그저 그런 나날들을 보내는 중입니다. 일상 속 모든 것에 소극적이고 무미건조한 태도로 일관하는 사람이지만 오로지 와인 앞에서만큼은 180도 다른 모습을 보이죠. 와인 이야기라면 밤을 꼴딱 새우는 것은 기본이고 그 누구보다 진심을 다해 와인을 이해하려고 노력하거든요. 그런 마일즈는 결혼을 앞둔 괴짜 친구 '잭'과 함께 총각파티를 겸한 와인 투어를 떠납니다. 그리고 그곳에서 자신만큼이나 와인을 사랑하는 '마야'라는 여자를 만나게 되죠.

누군가에게 마음을 주는 것이 여전히 서툰 마일즈지만, 자신과 다른 듯 비슷한 마야에게 천천히 끌리게 되고 두 사람은 진솔한 이야기까지 털어놓는 사이가 됩니다.

그중 마야가 마일즈에게 '왜 유독 피노 누아 와인을 좋아하느냐'고 묻는 장면이 있는데요, 그러자 마일즈가 이렇게 대답합니다.

"피노 누아는 재배가 힘든 품종이에요. 껍질이 얇아서 기온에 특히 민감하거든요. 카베르네처럼 튼튼한 품종이야 어디든 방치해도 금방 뿌리를 내리고 성큼성큼 자라지만 피노는 달라요. 잘 보살펴줘야 해요. 그래서 피노를 재배하려면 지독한 인내와 애정이 필요하죠. 대신 시간과 공을 들여 길러낸 피노는 그 맛이 상상을 초월해요. 마치 원래 그 땅이 가진 태초의 맛을 허락한다고나 할까요."

대답을 마친 마일즈가 이번엔 마야에게 되묻습니다. '당신은 왜 와인을 좋아하냐'고요.

"전 그저 와인이 겪었을 삶을 생각해봐요. 포도가 자라던 해에 어떤 일이 있었을지 상상해보는 거죠. 햇볕은 어땠을지, 비는 충분히 내렸을지, 포도를 기르고 수확하는 사람들은 또 어땠을지 말이에요. 그런 와인은 변화무쌍할 수밖에 없죠. 와인을 언제 오픈하느냐에 따라서도 맛이 제각각이니까요. 그건 '와인이 살아 있다'는 증거이기도 해요. 전 그게 맘에 들어요."

서로에게 호감이 있는 두 사람이, 서로가 좋아하는 와인이라는 매개체를 놓고 그 이유에 대해 몰두하는 모습은 단연 이 영화의 백미입니다. 와인을 얼마나 좋아하는지가 아니라 왜, 어떻게 좋아하고 있는지를 통해 서로를 이해하는 게 특히 인상적이죠.

보통의 로맨틱 코미디 영화들은 러닝 타임이 중반쯤 넘어가면 극적인 반전이나 판타지에 가까운 설정으로 사건을 뒤집는 경우가 많은데요, 〈사이드웨이〉에서는 그런 장면이 없습니다. 오직 주인공 마일즈가 애정하는 와인에 대한 이야기로 극을 끌어가죠. 그리고 그가 와인을 좋아하는 이유를 함께 따라가다 보면 영화를 보는 사람도 마치 그 맛을 어렴풋이 이해하게 되는 것만 같고요.

▎좋아하는 이유에 선을 그리고 색을 입히고

조금 돌아왔지만 초반에 했던 책 이야기를 이어가보죠.

저는 책을 읽고 나면 짧게라도 좋았던 이유, 좋았던 지점들을 정리해서 간략한 메모를 남겨놓습니다. 반대로 예상과는 달리 큰 임팩트가 없었던 작품이나 실망스러운 글에도 나름의 이유를 정리해두곤 하고요.

예전에는 책 첫 페이지에 포스트잇을 붙이는 방식으로 정리했는데 언젠가부터는 메모 앱을 이용하는 편이 훨씬 편하더라고요. 책 표지를 사진으로 찍고 그 아래 가벼운 메모들로 좋았던 이유나 그다지 인상 깊지 않았던 이유를 써놓습니다. 마치 나만의 '이유 있는' 인스타그램 피드를 만드는 것처럼요. 여러 번 반복해서 읽은 책에는 기존의 메모에 덧붙여 새로운 이유들이 계속 업데이트되기도 하죠.

이런 피곤한 작업을 굳이 왜 하느냐고 할 수도 있겠지만 저에겐 제 나름의 '기획 연습'이기도 합니다. 글을 쓰고, 책을 펴낸 사람이 기획해놓은 부분들을 따라가며 이해해보는 그 과정이 늘 흥미롭거든요.

이렇게 책의 호불호를 정리한 메모들이 쌓여갈수록 그 내용도 진화를 거듭합니다.

과거에는 비슷비슷한 평가와 감상으로 이어지던 메모들이 어느 순간에 이르러서는 조금 더 다양하고 깊이 있는 표현들로 채워졌기 때문이죠.

그저 '좋다', '인상 깊었다' 식의 평가들은 '호흡이 좋고 쉽
게 읽힌다. 가볍지만은 않은 주제를 알맞게 요리한 느낌이
다', '저자의 목소리가 강한 편이고 때로는 자신의 주장을 몰
아붙이기도 한다. 하지만 그 주장에 책임을 질 줄 알고 허술
하게 내버려둔 문장이 없다' 등으로 바뀌어갔습니다. 좋아하
는 이유가 다채롭고 풍성해진 것이죠.

'별로다', '재미없다'라는 반대의 감상들은 조금 더 명확하
고 날카로워질 수 있었습니다. '쉬운 표현도 꼬아놓은 바람에
빙빙 돌아오게 만든다. 읽고 나도 개운함이 없다', '독자를 붙
들어놓는 힘이 약하다. 몰입이 될 때쯤 화제를 전환하고 흥미
가 오를 때쯤 이야기를 끝내버린다' 같은 메모가 붙은 책들도
있습니다. 나에게 별로인 것들일지라도 별로인 이유를 조금
더 구체적으로 정리해보는 겁니다.

가끔은 내용뿐 아니라 책을 둘러싼 다양한 이유를 캐주얼
하게 표현해놓기도 하는데요, '책 제목을 음각과 양각으로 표
현한 디자인이 재미있어서', '프롤로그를 작가 스스로와 인
터뷰하는 방식으로 풀어내서', '맞춤법에는 어긋나지만 사투
리를 소리나는 그대로 사용한 문체라서', 심지어는 '풍부한

내용에 비해 가격이 저렴해서' 그 책이 좋다는 메모를 남기기도 합니다.

나에게 좋은 영향을 준 것들을 그냥 덮어두기에는 아쉬운 맘이 크거든요. 그리고 좋았던 이유를 한 번이라도 풀어내보면 그 느낌은 또 새로운 법이죠. 흐릿하게 실루엣으로만 남아 있던 감정들에 선이 겹치고 색이 입혀지는 과정은 묘한 중독을 불러일으키니까요.

작사가 김이나 님께서도 그러시더라고요. "자신이 좋아하는 것을 내 속에만 가둬두지 않는 게 중요하다"라고요. 그저 어슴푸레한 감상이나 느낌적인 느낌으로만 담아두지 말고 조금 더 적극적으로 끄집어낼 필요가 있는 거죠. 꽃도 이름을 불러주기 전에는 하나의 몸짓에 지나지 않는다잖아요. 어쩌면 우리가 좋아하는 것들도 그 이유를 찾아주었을 때 비로소 나에게로 고개를 돌리는 것일지 모릅니다.

이유도 찾아본 사람이 찾을 수 있는 것

이유에 대한 말이 나온 김에 저에게 가장 친근하면서도 오래된 '이유 찾기'를 하나 소개할게요.

바로 일에 관한 것입니다. '나는 왜 브랜딩이 좋고, 경험을 기획하는 것이 좋을까?'에 대한 대답이죠. 그동안 여러 가지 이유들을 찾았고 지금도 계속해서 찾아가고 있지만 가장 큰 이유는 바로 이것인 것 같아요.

'기획의 과정이 입체적이기 때문에.'

그렇습니다. 흔히 브랜드를 사람에 비유하고는 하는데요, 아마 사람처럼 인격도 있고 수명도 있고 이야기도 있고 역사도 있기 때문이 아닐까 합니다. 하지만 저는 그중에서도 브랜드와 사람이 가장 닮은 점은 '입체감'이라고 생각합니다.

예를 들어 매우 인기가 많은 한 사람이 있다고 가정해보죠. 대부분이 그 사람에게 호감을 느끼겠지만 그 지점은 또 저마다의 이유로 다를 겁니다. 누군가는 외면에서 매력을 느끼고 또 다른 사람은 내면에서 매력을 느끼기도 할 테니까요. 반대로 아주 작고 사소한 부분에서 실망을 하면 어이없이 그 사람이 싫어지기도 합니다. 그 이유 역시 지극히 개인적인 것일 수 있고요.

브랜드 역시 마찬가지입니다. 사람들이 그 브랜드를 사랑하거나 혹은 멀리하게 되는 요소가 곳곳에, 아니 어쩌면 모든 곳에 존재하고 있다 해도 과언이 아니거든요. 그래서 어느 한 부분을 소홀히 관리하거나 잘못 설계하면 그 브랜드 전체가 무너져 내릴 수도 있습니다.

시대를 초월해 사랑받는 주얼리 브랜드 '티파니' 역시 사람들이 그 다이아몬드 자체에만 열광하는 것은 아닙니다. 티파니 블루라고 불리는 고유의 컬러는 물론이고 반세기가 넘도록 사람들의 머릿속에 남아 있는 영화 속 오드리 헵번의 모습에 환호를 보내기도 하니까요.

차고 넘치는 카페 중에서도 굳이 '스타벅스'만 간다는 사람들이 있죠. 그들 모두가 스타벅스 커피 맛에 매료되었기 때문일까요? 글쎄요. 누군가는 4,000~5,000원 남짓한 가격으로 세련되고 도시적인 이미지를 갖고 싶어 스타벅스에 갈 수도 있습니다. 또 누군가는 세계 어디를 가든 가장 편하고 친근하게 이용할 수 있는 스타벅스가 특유의 안정감을 준다고 생각하기도 하죠. 로고가 예뻐서, 굿즈가 맘에 들어서, 하다 못해 진동벨 대신 이름을 직접 불러주는 게 좋아서 스타벅스를 택하는 사람도 있습니다.

이처럼 고객들은 브랜드를 매 순간, 모든 지점에서, 24시간 경험하고 있습니다. 때문에 절대 가벼운 포장으로 눈속임할 수 없는 것이죠. 대신 진정성을 담아 만들고, 이야기하고, 지키고 또 때로는 과감히 변화하며 생명력을 유지해야 하는 것이 곧 '브랜딩'입니다.

좋은 브랜드를 만들어가는 것이 마치 좋은 사람이 되기 위해 스스로 노력하는 과정과도 닮아서, 저는 브랜딩이 참 좋습니다.

흔히 "좋아하고 싫어하는 데 이유가 있냐?"라는 말을 하곤 합니다. 그럴 수 있습니다. 오히려 그 이유를 답하는 게 더 촌스럽고 부자연스러울 때가 있죠. 하지만 내가 관심 있는 분야, 더 잘하고 싶은 분야에서는 그 이유를 찾는 과정이 곧 행복에 가까워지는 과정이기도 합니다.

문득 영화 〈사이드웨이〉 속 '마일즈'도 그런 인물이 아닐까 싶어요. 영화의 후반부에 다다르면 마일즈가 그렇게 애정하고 아끼는 피노 누아 와인이 결국 그와 참 많이 닮아 있다는 게 느껴지거든요. 좌충우돌 성격인 친구 '잭'이 어디에 던져놔도 별 탈 없이 잘 자라는 카베르네 같은 사람이라면 마일즈

는 인내와 애정과 시간과 이해가 필요한 피노 누아 같은 사람
이었던 거죠.

마일즈가 왜 그 와인이 좋은지에 대해 그토록 고민해보지
않았더라면 자기 인생의 깊은 맛 역시 제대로 음미하지 못했
을 거란 생각을 해봅니다. 마야가 말한 '와인이 살아 있다'는
표현처럼, 좋고 싫은 이유를 찾는 과정이 결국 '살아 있음'을
증명해주는 것일 테니까요.

좋아하는 것이 왜 좋은지, 싫어하는 것은 왜 싫은지, 이런
'이유 찾기'의 과정을 마치 저만의 취미인 양 소개했지만 어
쩌면 모든 분야에 해당한다고 보는 게 맞는 것 같습니다. 더
정확히는 자신이 하고 있는 일을 조금 더 잘하고 싶어 하는
사람들, 그 일을 조금 더 의미 있게 만들고 싶어 하는 사람들
모두에게 말이죠.

세상에는 말과 글로 표현할 수 없는 것이 부지기수지만 그
래도 나름의 이유를 찾으려는 노력을 게을리하지는 않았으
면 좋겠습니다.

특히 무엇인가를 기획하는 사람에게는 참으로 중요한 지
점이거든요. 우리들 각자가 기획하고 있는 무엇인가는 내가
아닌 남이 쓰는 것이잖아요. 그 쓰임에는 이유가 있어야 하고

그것이 사랑받기 위해서는 더 큰 이유가 있어야 하는 법입니다. 고기도 먹어본 놈이 먹는다고, 이유도 찾아본 사람이 잘 찾을 수 있는 거죠.

BOOK MARK

누군가에게 책 선물을 할 때면 간단하게라도 그 이유에 대해 말해주면 좋겠습니다. 선물할 사람을 생각하며 그 책을 떠올렸을 수도 있고, 반대로 책을 먼저 발견하고 그 사람을 떠올렸을 수도 있겠죠. 순서야 어찌 되어도 좋습니다. 상대방이 선물해준 건 한 권의 책이기도 하지만 그 사람 나름의 '이유'이기도 한 거니까요.

사람으로 인한 시달림이 깊었던 시절, 친한 동료로부터 애플의 수석 디자이너였던 '조너선 아이브'의 자서전을 추천받은 적이 있습니다. 그분은 제게 이런 이유를 선물해주셨죠.

"스티브 잡스를 무한 존경하지만 막상 내 상사라고 생각하면 너무 싫을 것 같아. 근데 조너선 아이브는 왠지 같이 일해보고 싶다는 생각이 들더라고. 능력 있지만 겸손하고 날카롭지만 온화하지. 잡스가 멀리서 봐야 멋진 사람이라면, 아이브는 곁에 두고 싶은 멋진 사람이니까."

저는 브랜드를 정말 좋아합니다.

　명품이나 사치품을 좋아하는 것이 아니라 말 그대로 브랜드에 대한 애정이 정말 큽니다. (그렇다고 또 명품을 막 엄청 싫어하거나 그렇지는 않… 아무튼) 브랜드가 좋아서 브랜딩 일을 하게 되었고, 브랜딩을 하다 보니 브랜드는 더 좋아졌습니다. 가장 좋아하는 브랜드가 뭐냐는 질문을 받을 때면 오히려 머릿속이 하얘집니다. 그 많은 것을 어떻게 다 나열하고 그중에서 어떻게 하나만 고를 수 있나 싶어서요.

　대신 '과연 좋은 브랜드는 무엇인가'라는 질문을 받으면 그래도 나름의 답을 할 수 있을 것 같습니다.

'브랜드를 만든 사람의 가치관과 소비하는 사람의 가치관이 일치하는 브랜드.'

네, 저는 그런 브랜드가 좋은 브랜드라고 생각합니다.

나이키 신발을 살 때마다 '이걸 신으면 나도 더 잘 달릴 수 있겠지'라고 생각하는 것도, 애플 제품을 쓰면서 '나는 세상을 더 멋지게 만드는 일을 하는 중이야'라고 자기 최면을 거는 것도, 네스프레소 캡슐 커피를 마시며 '이 정도면 더 바랄 것 없이 충분히 훌륭한 홈 카페인 걸!' 하고 느끼는 것도 모두 실제 그 브랜드를 설계한 사람들의 의도대로 소비되는 것들이죠. 이처럼 브랜드라는 매개체를 통해 같은 가치관과 철학을 공유하는 사람들이 늘어나는 현상 자체가 저는 참 경이롭다고 생각합니다.

그런데 브랜드는 제게 있어 좀 다른 의미로도 특별합니다. 무엇보다 제게 책에 대한 새로운 관점을 만들어준 것 역시 브랜드이기 때문입니다. 듣기만 해선 선뜻 공감이 안 되신다고요? 그럴 수 있습니다. 브랜드와 독서라니, 왠지 두 단어는 나란히 있는 게 어색할 정도니까요.

시작은 대학 시절로 거슬러 올라갑니다. 대부분의 대학생이 그렇듯이 저 또한 그때 주머니 사정이 넉넉지 않았습니다. 경험해보고 싶은 브랜드는 차고 넘치는데 현실은 생활비를 벌기 위해 열심히 아르바이트를 해야 했죠.

그때 마침 우리나라에 '이솝Aēsop'이란 브랜드가 조금씩 집중을 받으며 대중에게 알려지기 시작했습니다. 친구와 우연히 가로수길 이솝 매장을 방문했다가 정말 큰 충격을 받았었죠. 나무와 타일만으로 미니멀하게 꾸며진 공간 안에 갈색 병의 이솝 제품들이 줄지어 서 있는 모습이 그렇게 아름다울 수 없는 겁니다. 매장 안을 타고 흐르는 자극적이지 않은 향기와 친절하지만 요란하지 않게 제품을 설명하는 직원들의 태도도 인상적이었습니다. 근사한 카페에 갔을 때, 한편에 화분처럼 자리하고 있던 빈병들이 바로 이솝 제품의 공병들이었구나 하는 것을 뒤늦게 알게 되자 이솝의 모든 것이 매력적으로 보였죠.

그런데 문제가 하나 있었습니다. 바로 가격이었어요. 맘에 드는 향수는 10만 원이 훌쩍 넘어가고 웬만한 제품들도 대학생이 부담하기에는 적지 않은 금액이었거든요. 며칠간 고민을 거듭하다 그래도 하나 구입해보기로 결정했습니다. 대신 우선 이솝에 관해 자세히 알아보기로 했죠. 나름 큰 마음 먹고 사는 것인 만큼 실패하지 않으려 브랜드와 제품을 공부하기 시작한 것입니다.

▮ 수렴의 책

생각보다 일이 커졌습니다. 처음엔 단순히 이솝이란 브랜드가 좋아서 시작한 것인데 파고 들어가니 흥미로운 점이 한두 개가 아닌 겁니다.

우선 이솝의 창업자인 데니스 파피티스라는 사람에게 관심이 생겨 그에 관한 책들을 읽었어요. 그러다 보니 그가 이솝이라는 브랜드명을 우리가 잘 아는 이솝우화에서 가져왔다는 사실을 알게 되었고, 그렇게 예정에 없던 이솝우화 전집도 읽고 말았습니다.

전 세계 이솝 매장 중에 인테리어가 같은 곳은 단 한 군데도 없다기에 디자인 라이브러리에 가서 반나절 동안 이솝 인테리어 디자인 북을 보고, 이솝의 제품 철학인 '자연주의'를 이해하고 싶어서 친환경과 자연주의 운동에 관한 서적들도 봤습니다. 하물며 호주의 이솝 본사 직원들은 모두 BIC 볼펜만을 사용해 일을 한다고 해서 이번엔 BIC라는 회사의 책들까지 읽었죠.

이렇게 한 가지를 이해하기 위해 땅을 파고 내려가다 보면 꼬리에 꼬리를 무는 책들을 만날 수 있습니다. 저는 이것을 '수렴Convergence의 책'이라고 부릅니다. 무엇인가 궁금한 게 생기면 그 본질에 닿기 위해, 관련된 여러 책들을 읽으며 거리를 좁혀가는 것이죠.

저에겐 그 출발점이 브랜드인 경우가 많습니다. 브랜드는 생명체와도 같아서, 브랜드를 이해한다는 것은 곧 사람을 이해하는 것과 맥이 같거든요. 그러니 한 사람의 인생과 가치관을 배운다는 마음으로 보면 깊이 들여다봐야 할 것이 한두 가지가 아닙니다.

물론 그 과정은 어렵기도 하고 시간도 상당히 많이 소요됩니다. 대신 그 여정에서 얻어진 결과물들은 정말 오롯이 나의 것이 되는 거죠. 흡사 브랜드를 만든 사람이 이루고자 하는 원형의 이미지를 함께 공유하는 느낌까지 받곤 합니다. 애매모호하게 제 주위를 둥둥 떠다니기만 하던 형상들을 점점 선명하고 구체적으로 만들어주는 책 읽기, 바로 '수렴의 책'들이죠.

▌발산의 책

그 반대도 있습니다. 맘에 드는 브랜드를 탐구하다 보면 예상치 못한 곳까지 관심사가 뻗어나갈 데가 있거든요. 마치 한 인물에 대해 알아보는 과정이 어느 정도 끝나면 이제 그 사람을 둘러싼 배경이 궁금해지는 것과 같죠. 저는 이때가 더 즐겁습니다. 새로운 호기심으로 가득해지는 순간이거든요. 제 관심사가 어디로 튀어 오를지 모르는 그때, 저는 '발산 Divergence의 책'들과 마주합니다.

다시 이솝 브랜드를 예로 들어볼게요. 저는 이솝에 대한 책을 읽다가 문득 이솝 브랜드가 탄생한 '1987년'에 꽂혔습니다. 그때의 세상이 궁금했던 것이죠. 그 시절 사람들은 무슨 생각으로, 어떤 삶을 살고 있었기에 자연주의 바람이 불었고, 미니멀리즘을 추구하는 시대상이 주목받았으며, 결과적으로 이솝이라는 브랜드가 생길 수 있었을까 하는 의문들 말입니다. 모든 브랜드의 탄생은 시대의 맥락 위에 걸쳐져 있기에 의도치 않은 역사 공부까지 하게 되는 셈이죠.

우리에겐 6월 민주항쟁의 시기로 잘 알려진 1987년은 전 세계적으로도 역동적인 시기였습니다.

석유파동과 냉전시대의 종식을 뒤로하고 맞이한 1980년 대 후반은 신자유주의 정책이 가속화되었죠. 당연히 미국을 비롯해 경제 호황을 누리는 국가들이 늘어났고 일본은 자동차, 전자, 금융 등 모든 부문에서 미국을 위협하는 명실상부세계 2위 국가이던 시절이었습니다.

하지만 아직도 60~70년대 히피 문화의 향수에 젖어 있던 세대와 세계화 흐름에 올라탄 세대가 갈등을 빚어, 어느 분야에서나 혼돈이 존재했습니다. 경제 호황과 버블이 함께 성장하던 탓에 제품은 늘 찍어내면 팔리던 시기였고, 그만큼 혁신적인 제품도 많았지만 말도 안 되는 품질에 윤리의식이 부재한 제품도 넘쳐나던 때였습니다.

그런 어지러운 시대 배경 속에서, 어린 시절 이솝우화가 주는 간단하고 본질적인 교훈을 실천하고자 시작한 브랜드가 바로 이솝이었던 거죠. 자연 성분을 기반으로 좋은 제품을 만들고, 핵심이 되는 최소한의 것만을 남긴 채 깨끗하게 비우는 미니멀리즘을 실천하게 된 이유도 그런 맥락 속에서 이해할 수 있습니다.

그렇게 1980년대 시대상을 설명하는 책들을 여러 권 읽고 그 시대에 발간된 문학책들까지 읽은 덕분에 제가 좋아하는 브랜드에 대한 인상이 더 뚜렷해질 수 있었습니다. 저는 발산의 책이 주는 기쁨이 이런 것이라고 생각해요. 예기치 못한 곳에서 만나게 되는 접점. 그리고 그 접점들이 연결되면서 보여주는 큰 그림들을 이해하게 되는 것. 그 재미에 빠지면 책 읽는 행위 자체에 더 큰 호감이 생깁니다.

사실 꼭 직접적인 연관이 없더라도 괜찮습니다. 발산의 방향은 자유로우니까요.

저는 브롬톤BROMTON이란 영국 자전거 브랜드에 관한 책들을 읽다가, 자전거 자체보다 영국식 디자인에 더 빠져든 적도 있습니다.

그래서 영국에서 오랫동안 가든 디자이너로 활동한 오경아 작가의 《영국 정원 산책》이나 영국 디자인의 아이콘이라는 폴 스미스의 디자인 세계를 다룬 《폴 스미스 스타일》, 문화 인류학자 케이트 폭스가 쓴 《영국인 발견》 같은 책들을 읽기도 했습니다.

브롬톤 자전거에서 출발한 관심의 화살표가 영국 문화로 발산한 것이었죠. (심지어 《영국인 발견》에서는 영국의 유머 규칙, 음식 규칙, 섹스 규칙까지도 다루고 있습니다….)

한편 일본의 대표적인 가방 브랜드, 포터PORTER에 대해 알고 나서는 창업자인 요시다 기치죠의 장인정신에 흠뻑 매료되었습니다. 이후로는 어느 한 분야에서 자신만의 철학을 담아 일하는 사람들의 책을 많이 읽었던 기억이 나네요.

공예 무형문화재 12명의 이야기를 다룬 《몰라봐주어 너무도 미안한 그 아름다움》이나 일본 커피 대가들과의 대담을 엮은 《커피집》, 대한민국 곳곳의 오래된 가게들의 장사 비결을 담은 《노포의 장사법》같은 책들은 제게 정말 큰 인상을 남겼습니다. 그 뒤로는 일과 인생에 대한 시각도 조금은 달라진 것 같고요.

이런 습관이 붙은 뒤로는 브랜드와 책을 분리해서 생각할 수 없게 되었습니다.

요즘은 브랜드를 잘 정리해서 보여주는 매거진이나 SNS 채널들도 많아서 브랜드를 공부하기 매우 편리한 시대지만, 그래도 저는 책을 따라가면서 한 브랜드의 세계관을 정립하는 것이 무척 즐겁습니다. 전자가 여행사 투어를 통해 유럽 여행을 하는 것이라면 후자는 배낭 하나 짊어지고서 직접 프랑스 시골마을의 작은 골목까지 누비는 느낌이랄까요.

더불어 꼭 브랜드가 아니더라도 자신만의 관심사를 정해서 '수렴'과 '발산'의 책 읽기를 해보는 것은 분명 의미 있는 경험이 될 거라 확신합니다.

수렴의 책 읽기가 '구심력'에 의한 독서라면 발산의 책 읽기는 '원심력'에 의한 독서거든요. 내가 정한 주제의 한 가운데를 깊이 파는 즐거움과 그 주제의 가능성을 무한히 확장해보는 재미를 동시에 즐길 수 있으니까요.

네덜란드 철학자 스피노자의 유명한 격언이 있습니다. "나는 깊이 파기 위해서 넓게 파기 시작했다." 저는 이 말이 반대로도 적용된다고 생각합니다. '나는 넓게 알고 싶어서 깊이 알기 시작했다'라고 말이죠. 수렴과 발산. 발산과 수렴. 그 극한을 오가는 경험을 반복하며 내가 가진 세계를 깊게, 또 넓게 확장해가는 것만큼 제대로 된 공부가 있을까 싶네요.

그러니 지금 무엇인가가 여러분의 관심을 사로잡았다면 바로 거기에 깃발을 꽂으면 됩니다. 그 지점이 수렴과 발산의 시작점일 테니까 말이죠.

참, 그 얘기를 안 했군요. 결국 사고 싶었던 이솝 제품은 몇 년 뒤 취업을 하고 나서야 살 수 있었습니다. 우드와 시트러스 향이 조화된 룸 스프레이를 하나 샀는데요, 사회에 첫발을 내디딘 신입사원의 작은 원룸이 그때만큼은 이솝 매장 부럽지 않은 향기로 가득 채워졌던 게 아직도 기억납니다.

아, 그리고 스프레이를 뿌릴 때면 이런 생각도 하곤 했죠.

 '내가 널 사려고 신자유주의까지 공부했다…'

15분, 무엇을 하실 건가요? ────────

혹시 〈세바시(세상을 바꾸는 시간, 15분)〉라는 프로그램을 아시나요?

미국의 TED처럼 사회 전반에서 활동하는 연사를 초청해 강연을 진행하는 프로그램입니다. 강연이나 인터뷰 프로그램을 워낙 좋아하다 보니 저 역시도 세바시 팬인데요, 2011년쯤 처음 시작할 때부터 봤으니 벌써 10여 년 동안 애청자인 셈이네요.

제가 세바시를 좋아하는 가장 큰 이유는 영상 한 편이 '15분' 남짓이기 때문입니다. 심심할 때 한 편씩 보면 시간도 잘 가고 예상 밖의 감동을 느낄 때도 많거든요. 처음에는 '15분 안에 뭘 이야기한다는 거지?'라는 의구심으로 봤는데, 웬걸요. 한 사람의 인생을 압축해서 전달하기에도 충분하고 기후변화, 사회 시스템, 사상과 존재론에 이르기까지 거대한 주제를 다룰 수도 있는 시간이더군요. 그 뒤로는 어떤 주제에 관해 이야기해야 하는 자리가 있으면 자아성찰을 하게 됩니다. '나는 과연 15분 안에 내가 하고 싶은 이야기를 효과적으로 말할 수 있는가' 하고 말이죠.

말이 나온 김에 '15분'에 대한 이야기를 조금 더 해보도록 하죠. 대표적으로 유튜브를 빼놓고 이야기할 수 없을 겁니다. 아마 여러분이 유튜브에서 원하는 영상을 한 편 골라 시청한다면 그 영상은 15분 남짓일 확률이 굉장히 높습니다. 유튜브는 아예 15분을 기준으로 장편과 단편을 구분하거든요. 영상 업로드를 해보신 분이라면 알겠지만 러닝 타임 15분이 넘어가는 동영상은 장편 업로드라는 기능을 통해 별도 등록을 해야 합니다. 그래서 대부분의 영상들이 15분 남짓한 재생시간을 가지고 있고, 15분이 넘어가면 아예 에피소드를 나누어 내보내기도 하죠.

❙ 15분이라는 세상

이쯤 되니 궁금합니다. 왜 하필 15분일까요?

심리학에서 설명하기로는 사람이 뇌를 활용해 집중할 수 있는 최대한의 시간 효율이 15분이라고 합니다. 15분이 지나면 몰입감과 집중력이 점점 떨어지게 되는 거죠. 실제로 사람이 차나 도보로 이동할 때 평균 15분이 넘게 소요되면 거리가 멀다고 느끼기 시작하는 것도 비슷한 이유라고 하네요.

또 다른 측면에서는 4분의 1, 즉 쿼터Quarter 때문이라는 의견도 있습니다. 인간에게 가장 이상적인 배분이 원을 십자 형태로 4등분 한 모양인데, 이를 기준으로 보면 한 시간의 4분의 1인 15분이 시간 배분의 황금비율이라는 것이죠.

그러고 보니 어느 순간부터 많은 단위가 15분으로 돌아가고 있다는 생각이 듭니다. 변화에 빠르게 대처하기 위한 효율적 업무 방법론, 애자일에 대해 한 번쯤은 들어보셨죠? 애자일의 프로젝트 관리법 중 하나인 스크럼Scrum에서 강조하는 것도 하루 15분 정도 회의 시간을 가지라는 겁니다. 이를 통해 구성원 각자 어제 한 일과 오늘 할 일을 팀에 공유하고 일에 우선순위를 매기라고 하죠. 실제로 저희 팀도 아침 미팅

시간이 딱 15분입니다. 그런데도 꽤 많은 이야기를 하며 서로의 상태를 크로스 체크하고 중간중간 농담까지 할 수 있죠.

콘텐츠의 흐름도 이와 비슷합니다. TV 예능 프로그램을 예로 들어볼게요.

과거의 토크쇼는 게스트 한 명을 초대해 한 시간이 넘도록 문답을 주고받았습니다. 10년 전 시청률 고공 상승을 주도했던 〈무릎팍도사〉나 〈힐링캠프〉 같은 프로그램들도 그랬습니다.

하지만 지금은 어떨까요? 현재 최고 인기 예능 중 하나인 〈유 퀴즈 온 더 블록〉 같은 프로그램을 보면 포맷은 토크쇼지만 한 회당 4~5명이 넘는 게스트가 출연합니다. 게스트에 대한 사전 정보는 MC들이 빠르게 요약해주고 진짜 엑기스가 되는 이야기만 나눈 뒤 쿨하게 헤어지죠. 필요한 추가 정보는 인터뷰 영상으로 대체하고, 방송이 끝나면 각 게스트별 영상 클립이 15분 남짓한 시간으로 편집되어 유튜브에 올라옵니다.

내가 원하는 것을 취사선택하여 즐기는 '세션Session'의 시대가 왔고 마치 그 한 세션이 15분이라는 표준을 갖는 느낌입니다.

▎그리고 각자의 15분

여러분에게 15분 정도의 여유시간이 주어진다면 무엇을 하고 싶으신가요?

점심시간 동안 잠깐 회사 책상에 엎드려 낮잠을 잘 수도 있을 테고 가까운 카페에 들러 커피 한잔을 테이크아웃해 올 수도 있겠죠. 주위에 전화 영어 수업을 받는 사람들을 보면 하루 수업이 15분 정도더라고요. 무엇인가를 배우기에도 나쁘지 않은 시간인 것 같습니다.

회사 후배에게 물었더니 자기는 코인노래방에 가서 한 서너 곡 신나게 노래 부르고 오겠다고 하더군요. 의외로 '15분 가지고 뭘 할 수 있겠어요'라고 하는 사람은 많지 않습니다. 다들 각자의 15분이 있는 셈이죠.

저는 15분 정도가 허락되면 두 가지를 합니다.

우선 날씨가 좋다면 밖으로 나가 러닝을 즐기죠. 웨이트 트레이닝이나 수영 같은 운동은 별도의 시간을 내어 하는 편이지만 러닝은 잠깐의 짬만 나도 할 수 있거든요. 꽤 빠른 속도로 달리면 15분 안에 3.5~4km 정도를 달립니다. 지하철역 3개 정도의 거리니 짧지 않은 길이죠.

회사나 집에서 15분 정도 시간이 날 때는 책을 읽습니다. 회사에서는 주로 점심시간을 활용하고요. 간혹 지하철을 타고 이동하는 시간에도 책을 읽습니다.

집에서는 보통 느긋하게 책을 보는 편이기에 딱히 시간을 정해두진 않지만 가끔 또 예상에 없던 자투리 시간이 생길 때가 있더라고요. 외출 준비가 생각보다 일찍 끝나서 집을 나서기 전까지 여유 시간이 생겼다거나 밤에 잠들기 전에도 15분 정도는 책에 투자할 수 있겠다 싶을 때가 있죠. 그럴 땐 주저 없이 손에 책을 듭니다.

이때는 주로 챕터가 잘게 나누어진 책을 읽습니다. 단편으로 구성된 에세이를 가장 많이 읽고 사례 중심의 실용 서적들도 즐겨 읽습니다. 두 책 모두 글 한 편에 주제 하나가 들어 있는 비교적 가벼운 구조라 순간 집중하기에 유리하거든요. 잠깐 머리를 식히거나 딴 생각하기에도 더없이 좋은 선택지죠.

저는 글을 빨리 읽는 편이 아니라서 15분 정도면 보통 10~15페이지 정도를 읽습니다. 물론 분량이 중요한 건 아니에요. 그래도 이왕이면 15분 안에 한 편을 다 읽을 수 있는 양을 추천합니다. 글을 빨리 읽는 분이라면 아마 15분 안에 생각보다 꽤 많은 양을 읽을 수 있다는 걸 알게 되실 겁니다.

시를 좋아한다면 15분 정도 가볍게 시집을 읽어보는 것 또한 추천합니다. 사실 저는 한때 시에 대한 거부감이 좀 있었습니다. 왠지 밑줄 쭉쭉 그으며 '심상'은 무엇이고 '형식'은 무엇이고 하며 국어 공부하는 것처럼 읽어야 할 듯한 이미지 때문이었습니다. 그러다 보니 시집이라는 단어 자체가 주는 느낌도, 너무 감상적이거나 문학적으로 느껴졌죠.

그렇게 멀리하던 시집을 다시 곁에 붙이게 된 계기는 아이러니하게도 SNS였습니다. 페이스북 피드를 떠돌다 우연히 발견한 좋은 글들이 시집에 실린 글이라는 것을 알고서 뒤늦게 맛을 들인 거죠.

시는 생각보다 읽기 편하고 울림도 오래갑니다. 한 줄 한 줄 압축해서 내려쓴 문장들을 따라 읽다 보면 진한 풍미가 몸과 마음에 그대로 흡수되는 경험을 하게 되죠. 게다가 시는 여러 번 반복해서 읽어도 지루하지 않다는 장점이 있어요. 그러니 혹시 15분 정도 시간이 있다면 시집 한 권을 펼쳐서 마음 가는 대로 읽어보시기를 권합니다.

틈날 때 가볍게 기분 전환할 수 있는 책을 찾다가 최근에는 '아무튼 시리즈'에 푹 빠졌습니다.

작가마다 자신이 좋아하는 취미나 각자만의 세계 혹은 가치관을 하나씩 풀어내는 에세이 시리즈인데 묘한 중독성이 있습니다.

《아무튼, 메모》,《아무튼, 떡볶이》,《아무튼, 달리기》,《아무튼, 문구》,《아무튼, 반려병》,《아무튼, 순정만화》등 그 종류도 정말 다양한데요, 개인의 취미나 기호를 바탕으로 결국 자신만의 작은 세상을 만드는 과정을 엿보는 것이 흥미진진합니다. 일반적인 책보다 얇고 크기도 작아서 휙휙 넘기며 가볍게 읽을 수 있지만, 반전은 그 얇은 책 한 권이 던지는 메시지가 꽤 크다는 것입니다. '아무튼'이라는 말처럼 어쨌든 나와 함께 뒹굴며 살아갈 수밖에 없는 그 소소한 일상들이 주는 철학이 있거든요.

책을 빨리 읽는 사람이라면 15분씩 두 번, 30분 남짓한 시간에 읽을 수 있는 분량이지만 저는 왠지 한 번에 다 보는 게 아까운 느낌이더라고요. 그래서 일부러 조금씩 여러 날로 나누어 천천히 읽었던 기억이 납니다. 시리즈 제목을 주욱 놓고 보면 세상 사람 누구나 '아무튼 시리즈' 한 권 정도쓸 주제는 가지고 있겠다 싶은데, 그게 또 밋밋하거나 뻔하지 않은 게 매력이거든요. 마치 누구에게나 허락된, 그렇지만 모두 다른 각자의 15분 같기도 하고요. 그러니 만약 저만의 '아무튼'을 써보라고 한다면《아무튼, 15분》이 될 수도 있을 것 같네요.

혹시 책 한 권 사기로 마음먹었다면 아예 15분씩 짬을 내어 읽는 용도의 책을 골라보는 것은 어떨까요? 유튜브 영상 한 편 보듯, 코인노래방에서 서너 곡 신나게 뽑듯이 읽을 수 있는 그런 책 말입니다. 확신하건대 평소에 책을 고르던 기준과는 많이 달라질 겁니다. 그렇게 고른 책을 가방에, 회사 서랍에, 침대 옆 테이블에 둬보세요. 주전부리마냥 손 가는 대로 집어 읽으면 의외로 짭짤하니(?) 계속 들어갑니다. 물리지 않는다는 게 이럴 때 쓰는 말인지도 모르겠습니다.

BOOK
MARK

요즘은 러닝도 온라인 크루를 만들어 뛰는 경우가 많습니다. 각자의 루트에서 뛴 다음 서로 기록을 공유하는 방식이죠. 언젠가 기회가 된다면 온라인으로 '15분 책 읽기 운동'을 해보고 싶습니다. 점심시간이든 퇴근 후든 자기 전이든 지금부터 15분간 각자 원하는 책을 원하는 만큼 읽고 그 결과를 서로 공유하는 것이죠. 하다 보면 '#15분_책읽기'라는 해시태그가 인스타그램에 가득해지는 날이 올 수도 있지 않을까요?

저는 서점에 가는 것을 정말 좋아합니다.

　오래 살던 동네를 떠나 새로 이사를 왔을 때도 아주 가까운 곳에 대형 서점이 있다는 걸 알고 크게 기뻐했던 기억이 나네요. 주말에는 꼭 한두 번씩은 들르는 편이고 평일에도 퇴근 후에 잠깐씩 방문하곤 합니다. 딱히 책을 사지 않을 때도 그냥 구경 삼아 기웃거리고 커피 한잔을 마시러 갈 때도 이왕이면 서점 안에 자리한 카페를 더 자주 찾는 편입니다.

　제가 서점을 좋아하는 이유는 사람 구경을 하기에 최적의 장소이기 때문입니다. 서점에서 책은 안 보고 웬 사람 구경이냐 하시는 분들도 있겠지만 서점만큼 시장 조사에 완벽한 곳도 드뭅니다.

물론 사람 구경은 거리에서도, 지하철에서도 또 백화점에서도 할 수 있죠. 하지만 지하철에서 이어폰을 끼고 있는 사람이 어떤 음악을 듣는지 우리는 알 수 없습니다. 영화관에서는 모두가 같은 영화를 봐야 하는 데다 내부가 어두워서 관객들의 반응을 파악하기가 힘들죠. 음식점도 마찬가지예요. 대부분이 둘, 셋 이상 모여 대화를 나누고 있기 때문에 가게 주인도 음식 맛이 어떤지 직접 물어봐야만 고객 반응을 체크할 수 있습니다.

그러나 서점만큼은 좀 특별합니다. 모두가 각자 원하는 책을 한 권씩 골라서 보고 있으니 그 사람이 어떤 분야의 무슨 책을 읽고 있는지 금방 알 수 있는 거죠. 조금만 더 관심을 기울이면 책을 읽는 사람이 푹 빠져서 집중하고 있는지, 방금 보던 것과 유사한 책을 다시 집는지, 함께 온 친구와 책에 관해 뭐라고 얘기하는지도 살필 수 있습니다. 그러니 서점만큼 오랜 시간을 자세하게, 그것도 개개인별로 사람을 관찰할 수 있는 곳은 아마 없을 겁니다.

회사에서 회의를 하다 보면 심심찮게 등장하는 질문이 있습니다. 바로 '요즘 사람들은 뭐에 관심이 있지?'라는 질문이죠. 회의에 참석한 본인들도 '요즘'을 살고 있는 '사람'들이면서 정작 우리가 무엇에 관심을 두고 사는지 쉽게 알아차리지 못하는 게 참 아이러니입니다. 현대인의 슬픈 단면이기도 하고요.

그런데 신기하게도 그 사람들을 서점에 데려다 놓으면 이야기가 조금 달라집니다. 딱히 마음에 정해둔 책이 없어도 이리저리 둘러보다 금세 특정 코너 앞에서 발길을 멈추거든요. 이내 책 한 권을 골라 스스럼없이 훑어보기 시작하죠. 쌓여 있는 책들 사이로 스며들며, 자신도 모르고 있던 '스스로의 관심사'를 조금씩 좁혀가는 것입니다. 때로는 마치 운명처럼 본인을 끌어당기는 책을 본능적으로 발견하기도 하고요.

▌관심을 관찰하다

실제로 저는 서점에 들어오는 사람들의 행동을 정말 유심히 보는 편입니다.

신간 도서나 베스트셀러 위주로 구경하는 사람부터, 들어오자마자 익숙한 발걸음으로 특정 섹션으로 달려가는 사람, 도서 검색용 PC와 진열대를 열심히 오가며 원하는 책을 집요하게 찾는 사람까지. 구경하는 재미가 정말 쏠쏠합니다.

그중에서도 가장 재미있는 경우는 커플이 함께 서점에 왔을 때입니다. 아마 하루 종일 데이트하며 한시도 떨어지지 않았을 두 사람일 텐데 서점에만 들어오면 암묵적 합의(?)를 한 듯 각자의 책을 찾아 떠나거든요. 그렇게 한동안 자기만의 시간을 유랑하다 곧 한 명이 다른 한 명을 찾아와 무슨 책을 보고 있는지 궁금해합니다. 세상 누구보다 서로를 잘 아는 두 사람도 각자가 어떤 책을 손에 들고 있을지는 쉬이 가늠이 안 되기 때문이죠.

제가 서점을 좋아하는 또 하나의 이유는 바로 '의외성'입니다. 낯선 타인을 만나면 우리는 외부 요인으로 상대방을 파악할 수밖에 없습니다. 그에 관한 정보가 지극히 외적인 것들로 제한되기 때문이죠. 무슨 옷을 입었는지, 풍기는 분위기가 어떤지, 어떤 물건을 들고 다니는지 정도가 아마 전부일 겁니다.

그런데 서점에서만큼은 그 한계에서 벗어날 수 있습니다. 타인이 들고 있는 책을 통해서 그 사람의 관심사와 취향을 유추해볼 수 있거든요. 재미있는 것은 겉으로 보이는 모습과 손에 든 책 사이에 놀라운 의외성들이 나타날 때가 많다는 거예요.

한 번은 나이가 지긋하신 노신사분께서 '만화로 보는 재즈의 역사'라는 부제가 적힌 책을 매우 집중해서 읽고 계시는 모습을 보았습니다. 가수 이름인지 곡의 제목인지는 모르겠으나 무엇인가를 입으로 반복하고 손가락으로 써보기도 하시더군요. 어떤 대목에서는 어린아이같이 피식피식 웃으며 고개를 끄덕이기도 하시고요.

　그럴 때는 갖은 상상력이 동원되곤 합니다. '왕년에 재즈 아티스트의 꿈을 꿨던 분이 아닐까? 아니면 배철수 아저씨 못지않게 음악에 정통한 분일 수도 있겠다.' 길에서 만났더라면 그냥 인상 좋은 이웃집 어르신 정도로 여겼을 낯선 사람을 저도 모르게 관찰하고 궁금해하는 것이죠.

　반대로 지금 당장 힙합 오디션 프로그램에 출연해도 어색하지 않을 자유로운 복장의 청년이 미간을 움켜쥐어가며 부동산 서적을 읽는 장면도 봅니다. 또 수능 문제집을 몇 권 집어든 교복 차림의 학생이 여행 서적으로 가득한 진열대 앞에서 한참을 멍하니 서 있는 모습과도 마주하죠.

　그때마다 저는 머리가 말랑말랑해지는 느낌을 받습니다. 제가 가지고 있던 고정관념들이 한꺼풀씩 벗겨지는 것 같달까요. 어떤 사람이, 어떤 책을 보면서, 어떤 반응을 보이는지. 그 유추의 연결고리들이 맺고 끊어지기를 반복하며 훨씬 자유로운 생각을 가능하게 하니까요.

기획 일을 하다 보면 알게 모르게 지름길을 찾고 싶을 때가 생깁니다. 기관에서 발표한 데이터나 신문 기사에 소개된 사례들 몇 가지를 훑어본 뒤 '대충 이런 흐름이겠구나' 하고 단정해버리는 것이죠. 저도 그런 실수를 참 많이 했습니다. 아마 지금 이 글을 읽고 있는 분 중에도 뜨끔하시는 분이 있으리라 생각하고요.

그런데 서점이란 공간에서 마주하는 '기분 좋은 의외성'들은 저를 하얀 도화지로 만들어주곤 해요. 무엇인가를 기획할 때 선입견을 가지고 있거나 이미 스스로 답을 내리고 시작하면 좋은 가능성들을 다 놓친 채 시작하는 셈이잖아요. 그러니 나를 비우고 모든 것을 받아들일 준비를 하는 워밍업이 꼭 필요합니다. 그리고 그 워밍업을 서점이란 공간에서 해보는 걸 적극 추천합니다.

▌같은 공간, 각자의 생각

한편 서점이 주는 공간감을 느끼는 것도 참 중요하다고 생각해요. 서점을 자주 가다 보면 분명 며칠 전에 왔을 때와 진열대의 위치나 각 코너의 배치가 조금씩 달라졌음을 쉽게 알아차릴 수 있습니다. 처음엔 당연히 매출을 위한 세일즈 기법이 아닐까 싶었어요. 그런데 알고 보니 그보다 훨씬 복잡한 배경이 숨어 있더군요. 계절과 날씨는 물론이고 뉴스에 오르내리는 이슈와 올해의 컬러 같은 요소까지 고려해 책의 배치를 수정한다고 합니다. 그래서 이 작업을 담당하는 분 중에는 심리학을 전공한 분들도 많다고 들었어요.

독립서점에서는 이런 경험을 더 진하게 해볼 수 있습니다. 요즘엔 골목 사이사이에 작은 독립서점들이 자리한 경우가 많은데요, 대부분 서점 주인이 자신만의 주관을 가지고 책을 모아놓은 공간이라 그 정체성이 더 뚜렷하죠.

어떤 서점은 자신의 앞날을 걱정하는 직장인들을 위한 책을 주로 다루고, 또 어떤 서점은 일러스트나 드로잉 같은 그림을 위주로 한 책들이 가득합니다. 맥주 한잔을 걸치며 술과 책에 함께 취할 수 있는 서점이나 모든 책에 주인의 추천사가 붙어 있는 서점도 있고요. 이런 곳들을 방문했을 때는 그 공간 자체가 한 권의 멋진 책처럼 느껴지기도 합니다. 같은 책을 고르더라도 그곳에서 골랐기 때문에 더 특별해지는 경험을 할 수 있죠.

저에게 서점을 한 단어로 정의해보라고 한다면, '같은 공간 안에서 각자의 생각에 빠질 수 있는 곳'이라고 말하고 싶습니다. 왜 서점에 가면 그냥 바닥에 털썩 앉아 한참이나 책을 보는 사람도 많잖아요. 일상 속에서 남의 눈치 보지 않고 무엇인가에 그렇게 집중해볼 수 있는 공간이 어디 흔할까요. 그것도 남녀노소 불문하고 다양한 직업과 관심사를 지닌 사람이 한 장소에서 동시에 말이죠.

그러니 일부러 시간을 내서라도 서점에 자주 가보시길 바랍니다. 책만 골라 돌아오기보다는 사람도 구경하고 공간도 느껴보는 거죠.

그렇게 나를 조금씩 비워내고 기분 좋은 경험들로 머리를 촉촉하게 적셔보세요. 분명 메말라 있던 틈 사이로 생각의 수분들이 채워지는 순간을 만끽할 수 있을 테니 말입니다.

BOOK
MARK

절친한 선배의 아버지께서 오랫동안 서점을 운영하셨습니다. 선배의 기억을 빌리자면, 아버지께서는 손님이 있으나 없으나 책에 먼지가 내려앉지 않도록 늘 한 권 한 권 빼서 털고 닦으며 정갈하게 정리하셨다고 해요. 그때는 왜 그토록 정성을 쏟는지 이해가 되지 않았지만, 지금 돌이켜 생각해보면 서점을 찾은 손님들에게 책을 소개하는 당신만의 방법이자 예의가 아니었을까 싶다고 합니다.

선배에게서 그 말을 듣자 문득 방송에 소개된 어느 헌책방 사장님의 인터뷰가 떠오르더군요.

"치킨 안 좋아해도 치킨집 할 수 있고, 보석에 관심 없어도 금은방 할 수 있어. 근데 책 안 좋아하는 사람은 절대 서점 못해. 죽었다 깨나도 못해."

PART 2

읽고
생각하는
사람

∞

이유 없이 머리가 복잡하거나
생각이 잘 정리되지 않는다 싶을 때면,
맘에 드는 책 한 권을 골라
천천히 읽어내려가 보시는 건 어떨까요?
아마 여러분 모르게 단편화된 기억의 조각들이
알아서 제자리를 찾아갈지 모르니 말입니다.
그러다 모서리가 꼭 맞는 생각의 짝을
만날 수도 있고 말이죠.

컴퓨터를 사용하다 보면 어느 순간 점점 느려지고 성능이 저하되는 때가 옵니다. 파일을 읽어들일 때도 버벅대고 데이터를 저장하는 속도도 예전 같지 않죠. 여러 가지 원인이 있겠지만 대표적인 이유는 하드디스크의 파일들이 여러 개로 조각났기 때문입니다.

순서대로 잘 정리되어 있어야 할 데이터들이 여러 개로 쪼개져 이곳저곳으로 흩어진 거죠. 그럼 일부 파일들은 지워진 채로 존재하게 되고 저장 공간 역시 중간중간 공백이 생깁니다.

이렇게 파편화된 파일 조각들을 모아 다시 정상적인 한 덩어리로 만드는 것을 흔히 '디스크 조각 모음'이라고 부릅니다.

컴퓨터의 연산 장치는 사람의 뇌를 본떠서 만들었다고 해요. 그래서인지 우리의 머릿속에서도 가끔 '생각들이 조각나는' 경우가 생깁니다.

아마 기획 일을 하시는 분들이라면 출근부터 퇴근까지 적게는 수십 통에서 많게는 수백 통의 메일을 읽거나 쓰실 거예요. 그리고 각종 어젠다들이 난무하며 전쟁터를 방불케하는 회의와 보고도 이어지죠. 어디 그뿐인가요. 업계 동향 파악과 케이스 스터디, 고객 반응 수집에 내부 의견 조율까지. 수정에 수정을 거치며 원래 의도에서 점점 멀어지고 있는 기획서는 또 어떻고요.

이쯤 되면 우리 머릿속 하드디스크가 '뻑 나지' 않는 게 오히려 이상한 것일지도 모르죠.

그럴 땐 사람에게도 컴퓨터처럼 조각 모음이 필요합니다.

저는 이 과정을 '생각의 조각 모음'이라고 부르는데요, 단편적으로 흩어져 있던 정보와 아이디어를 정리해서 제자리에 가져다놓고, 고민이 필요한 생각들은 따로 꺼내어 더 잘 보이는 곳에 배치하는 것이죠. 그렇지 않으면 원하는 순간에 원하는 생각을 할 수 없거든요. 급한 마음에 그냥 가까운 곳에 놓아둔 생각을 섣불리 집게 되는 경우도 발생하고요.

▎세상에 쓸데없는 생각은 없다

가끔 그런 생각 안 드시나요? '사람마다 각자 아까워하는 것들이 정말 다 다르구나' 하는 생각이요.

어떤 사람은 돈 쓰는 걸 아까워하고 또 어떤 사람은 시간이 허투루 흘러가는 걸 아까워합니다. 유독 음식 남기는 걸 못 보는 사람도 있고, 물이나 전기만큼은 이유 불문 절약부터 하고 봐야 하는 사람이 있죠.

곰곰이 생각해보니 저는 생각이 그냥 휘발되는 걸 아까워하는 것 같아요.

친한 사람들과 깔깔대며 대화하는 와중에도, 무심코 보던 예능 프로그램 자막 한 줄에서도 주워 담고 싶은 생각이 참 많거든요. 그래서 늘 어디서든 뭔가를 기록하거나 남겨두는 게 흔한 일상이 되었습니다. 대화 도중에 "방금 그 말, 내가 잠깐 메모해둬도 돼?"라고 말할 때면 지인들은 무척 당황스러워하기도 하죠.

하지만 전 인상 깊은 순간들이 무심코 잊혀지는 게 참 아깝고도 안타깝습니다. 자투리 종이만 모아서 꽤 쓸직한 연습장 한 권을 만들 수 있듯, 사람들이 무심코 떨어뜨려놓은 생각의 자투리만 모아도 그 양은 결코 무시할 수 없거든요.

더불어 줍고 보관하는 것만으로도 나름의 의미가 있겠지만 이 생각의 조각들은 잇고 연결할 때 그 가치가 훨씬 커지는 것 같아요. 마치 조각난 파일들을 모아 제자리를 찾아주는 디스크 조각 모음처럼 말입니다.

저에게 책이란, 이 생각의 조각 모음을 위한 실행 프로그램이기도 합니다. 차이가 있다면 딱히 의도를 갖지 않고 무심히 펼쳐든 책 한 권을 통해서도 훌륭한 조각 모음을 할 수 있다는 거예요.

사람의 뇌라는 게 어찌나 신기한지 한편에 묵혀두던 생각이라도 그와 유사한 조각이 발견되면 본능적으로 알아보거든요. 흡사 같은 그림 맞추기 게임을 하는 것처럼 말입니다. 제자리를 찾지 못하고 있던 생각의 단편이 책 속의 어느 지점과 만나 스파크를 일으키는 것이죠.

저는 이 순간이 늘 새롭고 짜릿합니다. 비슷한 생각이나 개념을 묶어 조금 더 깊이 들여다볼 수 있는 게 새롭고, 실마리를 찾지 못해 끙끙대던 문제에 신선한 접근 방법을 던져주는 게 짜릿합니다.

'어! 우리가 고민하고 있는 것과 본질적으로는 똑같구나', '그럼 그 문제를 이렇게 접근해볼 수도 있는 건가?' 하는 생각이 머리를 스칠 때면 제 손에 든 책은 책 이상의 의미를 지니죠. 다른 생각을 불러들이고, 짜 맞추고, 정리해서 또 새로운 무엇인가를 펴내게 되니까요.

▎1루를 밟자

실제 제가 겪은 이야기를 하나 해보려고 합니다.

몇 해 전 규모가 큰 글로벌 마케팅 프로젝트를 기획할 일이 있었습니다. 꽤 큰 예산이 들어가는 일이었고 관련 부서와 이해관계자들도 많았죠. 그러다 보니 좀처럼 방향이 모아지지 않았습니다. 저 역시 어떤 콘셉트로 밀고 나가야 할지 갈피를 잡지 못해 스트레스 지수가 점점 높아지고 있던 상황이었고요. 셀 수 없이 많은 회의를 하고 정말 많은 사례 조사를 했지만 뭔가 '한 방'이 없는 듯한 느낌이었습니다.

그렇게 찝찝한 마음으로 맞이한 주말. 기분 전환 겸 책 한 권을 집어 들었습니다. '야구 병법'에 관한 책이었죠. 원래 스포츠를 좋아하는 데다 야구만큼 지략 대결이 첨예한 종목도 없다고 생각해 야구 관련 서적을 종종 읽는 편이거든요.

그런데 책에 나온 대목 하나가 제 눈길을 끌었습니다. 한국 프로야구에서 자타공인 명장이라 평가받는 한 감독이 자신의 야구 철학을 풀어놓는 인터뷰였습니다.

"처음부터 이기려는 마음으로 경기를 구상하면 십중팔구 계획이 틀어진다. 그보다 어떻게 하면 매 타자가 1루까지 살아나갈 수 있을까를 고민해야 한다. 그러면 그다음이 보이는 법이다."

슬렁슬렁 재미 삼아 읽어내려가던 중 머릿속에 불꽃이 튀었습니다. 조각나 있던 생각들이 여기저기 모아지는 순간이 찾아온 것이죠.

'그래. 왜 내가 꼭 한 방이 필요하다고 생각했을까…. 예산이 큰 프로젝트라서? 투입되는 인원이 많아서? 이해관계자들의 기대가 커서?'

생각의 관점을 바꾸면 시야각이 넓어지는 법이라죠. 그리고 그 각도에서는 놓치고 있었던 것들이 하나둘씩 가시권에 들어오기 시작하고요. 제자리에 놓이지 않은 생각과 아이디어들 사이에서 홀로 힘겹게 일하던 제 머릿속 하드디스크와

정면으로 마주하는 때가 바로 이때입니다.

그렇게 주말이 지나고 월요일 회의에서 각자 준비한 '한 방'을 소개하는 시간이 다가왔습니다. 특급 연예인 모델을 섭외하자는 방안부터 최고급 경품을 거는 아이디어까지 등장했죠. 그래도 뚜렷한 해법은 보이지 않는 듯했습니다. 그리고 얼마 안 돼 제가 만지작거리던 패를 내보여야 하는 차례가 왔고요.

저는 대규모 프로젝트를 시리즈물로 잘게 쪼개는 아이디어를 제안했습니다. 기간이 늘어나고 품이 더 들더라도 안전하게 가는 방법을 택한 거죠. 당연히 모두가 갸우뚱했습니다. 지난 회의 분위기와 전혀 다른 이야기를 꺼냈으니까 그럴 만도 했어요. 리소스만 낭비되고 힘만 더 들 거다, 시간이 길어져 흥미가 떨어질 거다, 기대한 임팩트에 한참 못 미칠 거다 같은 부정적인 의견이 여기저기서 고개를 들었습니다.

그래도 굴하지 않고 찬찬히 제 설명을 이어나갔습니다. 책에서 읽었던 야구 이야기를 그대로 소개하면서 말이죠.

"다들 경험해보지 않은 프로젝트인 만큼 한 방에 모든 것을 걸 수는 없는 거 같아요. 말씀드린 것처럼 처음부터

홈런을 기대하다 오히려 아무것도 못해보고 접을 수도
있으니까요.
대신 우리 일단 한 명만 출루를 시켜보는 게 어떨까요.
우선 예산의 5분의 1만 써서 이게 어디서 먹히는지부터
찔러보는 거죠."

솔직히 속으로는 많이 떨렸습니다. 다수의 의견에 반대표
를 던진다는 건 늘 위험부담이 따르니까요. 일이 제대로 안 풀
리면 모든 비난을 혼자 떠안아야 할 수도 있고요. 그런데 그때
프로젝트를 이끌던 리더님께서 이런 말씀을 하셨습니다.

"하긴. 저도 야구 볼 때마다 제일 아쉬울 때가 만루 기회
에서 득점 못하는 거더라고요. 근데 어디 그 팀이라고 잘
하고 싶은 마음이 없겠어요. 오히려 모든 주자를 다 홈으
로 불러들이고 싶으니 계속 욕심이 나는 거죠.
돈은 돈대로 쓰고 사람은 사람대로 투입해서 아무것도
못 건지면 그게 진짜 낭패라고 봐요. 우리도 생각을 바꿔
서 일단 1점이라도 내는 걸 목표로 하면 좋겠어요."

가끔 이렇게 내가 모은 생각의 조각은 다른 사람의 생각을

다시 모으게도 해주는 법입니다.

그렇게 저희는 처음부터 다시 시작했습니다. 대신 방향을 재설정하고 회의를 거듭할수록 아이디어는 확실히 좁혀지기 시작했죠. 서로 '마이볼'을 외치며 우왕좌왕하던 방안들은 차근차근 베이스를 옮겨가는 방식으로 체계화될 수 있었고요.

결과는 꽤 성공적이었습니다. 프로젝트를 시리즈로 가져가다 보니, 한 회차의 이벤트가 끝나면 사람들의 반응을 수집하기가 한결 쉽더라고요. 그중 진짜 우리 프로젝트에 반응하는 이른바 찐팬들을 대상으로 좀 더 타깃팅된 이벤트를 반복해 열었습니다. 그러니 준비하는 우리도 이 다음에는 무엇을 해야 할지 점점 확신이 생겼고 무엇보다 한 방을 기대하며 서로 주고받던 부담도 크게 줄어들었죠.

▎당신의 조각들

제가 생각을 허투루 흘려보내지 못하는 이유도 여기 있는 것 같아요.

좀 전에 '사람들은 저마다 아까워하는 것들이 다르다'고 이야기했던 거 기억나시죠? 어쩌면 그건 작은 것들이 모였을 때 얼마나 큰 의미를 가질 수 있는가에 대한 각자의 기준이 다르기 때문인 것 같기도 해요. 1분 1초가 모이면 크다는 걸 아는 사람에겐 시간이 금처럼 아까운 거고, 한푼두푼 모아 목돈이 된다는 걸 깨달은 사람은 돈을 함부로 쓸 수 없는 거죠.

그리고 저는 작은 생각의 조각들이 모여 제자리를 찾고, 서로 이어졌을 때 갖는 잠재력을 믿으니 늘 생각을 소중히 대하는 것 같습니다. 더불어 그 작업을 가장 잘 도와주는 실행 프로그램으로써의 책을 참 좋아하고 말이죠.

분명 여러분의 머릿속에도 잊힌 듯 아직 잊히지 않은 생각의 조각들이 여기저기 방치되어 있을 확률이 큽니다. 제자리를 찾지 못해서일 수도 있고 혹은 꼭 맞는 조각을 만나지 못해 아직 반응하기 전일 수도 있죠.

가끔은 우연히 그 과정이 진행될 때도 있지만, 저는 내 머리의 주인이자 사용자인 본인이 적극적으로 개입해야 한다고 봅니다. 그래야 머릿속에 있던 생각을 잽싸게 불러올 수도 있고 또 새로 들어온 생각을 처리하는 속도도 빨라질 테니까요.

혹시 이유 없이 머리가 복잡하거나 생각이 잘 정리되지 않는다 싶을 때면, 맘에 드는 책 한 권을 골라 천천히 읽어내려가 보시는 건 어떨까요? 아마 여러분 모르게 단편화된 기억의 조각들이 알아서 제자리를 찾아갈지 모르니 말입니다. 그러다 모서리가 꼭 맞는 생각의 짝을 만날 수도 있고 말이죠.

BOOK MARK

개발자 동료에게 이 얘기를 했더니 당황스러운 대답을 내놓았습니다.

"어? 근데 하드디스크 말고 SSD(반도체로 데이터를 저장하는 장치)에서는 디스크 조각 모음 안 해도 되는데? 물리적으로 움직이는 부품이 없어서 속도 저하가 거의 없거든!"

이럴 때마다 '내가 IT 기업에서 일하고 있구나' 하는 것을 다시 한번 실감합니다.

몰입에 대하여 ────────────

'오! 저 사람 센스 있다.'

일을 하다 보면 이런 말이 떠오르는 사람들이 있습니다. 단순히 일을 잘하거나 말주변이 좋거나 대인관계가 훌륭한 것과는 좀 다른 문제입니다. 한마디로 정의하기는 어렵지만 같이 일해보면 누구나 공감하고 인정하게 되죠. 타고나는 것 같지만 한편으로는 엄청난 경험치에 의해서 쌓인 것 같은 묘한 스킬.

'센스'란 대체 무엇일까요?

저는 센스가 좋은 사람들은 '몰입'을 잘하는 사람이라고 생각합니다. 일이든 사람이든 혹은 유형의 것이든 무형의 것이든, 그 대상을 가리지 않고 어딘가에 깊숙이 빠질 수 있는 사람이죠. 그런 사람들을 보면 참 부럽습니다.

말장난을 하고 싶은 것은 아니지만 '몰입'과 '몰두'는 한 글자 차이인데 꽤 다른 의미입니다.

몰두沒頭는 문자 그대로 머리를 들이밀고 집중해서 그 속을 들여다보는 것을 말하죠. 대신 몰입沒入은 안으로 들어가 직접 그 대상이 되어보는 수준에 이르는 것입니다. 일을 할 때도 몰두를 하는 사람이 있나 하면, 몰입을 하는 사람도 있는데요, 이 둘은 결과의 차이로도 이어집니다.

예를 들어볼까요. 우선 같은 말이라도 표현을 정말 잘하는 경우를 들 수 있겠네요. 텍스트로 작성하는 메일이나 기획서는 물론이고 회의에서 격론이 오가는 와중에도 이를 참 센스 있게 잘 정리하고 커뮤니케이션하는 사람들을 봅니다. 기본적으로 갖춘 매너도 훌륭하지만 정확하고도 섬세한 워딩 덕분에 감정적이었던 분위기를 이성적으로 끌어오는 마법을 부리기도 하죠.

때로는 마치 1분 후의 미래를 내다본 사람처럼 미리 알고 대처하기도 합니다. 영화 속 히어로마냥 사고가 날 뻔한 순간을 막아주는 활약을 펼칠 때면 감탄을 넘어 존경의 마음까지 생기는 것 같아요. (아 참고로 저는 그런 경지에 이르지 못했습니다. 혹시라도 오해하실까 봐….)

▌그들이 사는 세상

IT 분야는 정말 변화가 빠릅니다. 주니어 시절에는 이 변화에 정신을 차리기 힘들 정도로 버거울 때가 있었어요. 갑자기 어느 날 간편결제 시장이 떠오르기 시작하고, 전자책 분야가 각광을 받고, 서로의 재능을 자유롭게 공유하며 사고파는 플랫폼이 생기기까지…. 매일 아침 새로운 세상에서 눈을 뜨는 느낌이었고, 덕분에 시시각각 변화하는 온도에 저를 맞추어야 하는 실정이었죠.

그런데 우주처럼 광활하게 뻗어나가는 업무 범위 속에서도 일을 잘하는 사람은 늘 일을 잘했습니다. 저는 그 비결이 정말 궁금했습니다. 물론 한 가지로 정의한다는 것은 말이 안 되지만, 적어도 제 기준에서 일 잘하는 사람은 언제나 '몰입감'이 좋은 사람들이었습니다. 마치 연기를 잘하는 배우 중에 몰입감이 떨어지는 배우는 한 명도 없듯 말이죠. 항아리 속에 머리만 집어넣은 채 몰두하는 사람이 아니라 시공간을 초월

할 수 있는 웜홀에 빨려 들어가는 것처럼 아예 그 세계 속에서 살기로 작정한 사람들이 일을 잘하는 사람들이었습니다.

웹툰 작가 집에서 몇 주간을 함께 먹고 자며 작품 구상을 했다는 어느 콘텐츠 매니저의 이야기, 커뮤니티에 나타난 중고거래 사기꾼을 잡기 위해 회사보다 경찰서로 더 많이 출근했다는 서비스 담당자의 이야기, 세상에서 가장 편한 결제 UX(사용자 경험)를 찾겠다며 지구 반대편 소호 쇼핑몰에서도 직접 직구를 해봐야 직성이 풀리는 기능 기획자까지. 전설처럼 내려오는 일화들의 주인공은 늘 '그들이 사는 세상' 속으로 들어가기에 주저함이 없는 사람들이었습니다.

그러니 누구보다 업무에 대한 이해도가 높았음은 물론이고 사용자, 생산자, 이해관계자를 아우르는 눈이 생기기 시작한 거죠. 사람들이 '타고난 센스', '뛰어난 일머리'라고 부르던 것들이 실제로는 혀를 내두를 만한 몰입감과 집요함에서 비롯된다는 것을 알고 나니 가만 있을 수만은 없었습니다.

한동안의 고민거리였죠. 몰입이 중요한 것은 알겠는데 '그들의 세상으로 진입하는 나만의 웜홀을 어떻게 열 것인가' 하는 문제가 남아 있었거든요. 책상 앞에 '몰입!!!!'이라고 쓰인 포스트잇을 붙여놓는다고 해서 '어이구 어서 와. 몰입의 세상은 처음이지?' 하며 차원의 문이 열리는 것은 아니니까요.

저는 몰입을 위해서는 '이해'와 '공감'이 우선되어야 한다고 생각합니다. 그들이 사는 세상으로 들어가려면 그들은 누구이고 어떠한 세상 속에 살고 있으며, 어떻게 살아가는 사람들인지에 대한 이해가 필요한 거죠. 그래야 길이 보입니다. 적어도 그들 곁에 발을 붙이고 말을 걸어볼 수 있는 통로 같은 게 생긴다고 할까요?

그다음은 스스로 '왜'라는 질문으로 공감대를 넓혀가는 것입니다. 이 사람은 왜 이 사업을 시작하게 되었을까. 이 사용자는 왜 이 기능을 쓰지 않을까. 왜 이 브랜드는 제품 가짓수가 현저히 적을까. 왜 이 회사의 마케팅은 자극적이기보다는 겸손에 가까울까.

스스로 끊임없는 질문 리스트를 만들고 그에 대한 답을 유추해가는 거죠. 공감이야말로 맞장구가 아닌 질문이거든요. 그저 '당신 말이 맞아'라는 리액션이 아닌 '저도 그 문제를 한번 진지하게 고민해볼게요'라는 태도에 관한 것이니까요.

우선 구글링과 유튜브에만 의존하지 않는 것이 중요했습

126

니다. 둘 다 너무 훌륭한 리서치 도구이지만 몰입을 위해서는 조금 더 밀도 있는 무기가 필요했거든요. 그래서 대략적인 온라인 리서치가 끝나면 읽어야 할 책 리스트를 서너 권으로 압축한 다음 짬을 내 읽기 시작했습니다. 앞서 말했다시피 단순히 관련 지식을 쌓기 위함은 아니었습니다. 그 세계 속으로 들어가기 위한 마음의 준비이자 자기 최면 같은 것이었으니까요.

그렇게 읽다 보면 아주 어슴푸레하게라도 공감대가 형성됩니다. 왜 누군가를 만나기 전에 그 사람에 대한 인터뷰 기사나 혹은 그 사람이 직접 쓴 글을 읽고 나면 조금은 친해진 느낌이 들잖아요. 카톡 프로필이나 인스타그램 피드를 들여다보는 것만으로는 느낄 수 없는 깊이가 있죠. 비슷한 맥락입니다. 그 세계를 바라보는 '관점', 그 사람들을 이해할 '마음가짐'에 대한 준비인 것이죠.

▌웜홀을 열자

한때 일러스트레이터 작가들과 협업할 일이 있었습니다. 그런데 일러스트 분야는 정식으로 미술을 전공한 작가가 그리

많지 않더군요. 전기공학을 전공한 작가도 있고 자동차 영업 사원 출신 작가도 있고 수제 쿠키 가게를 운영하면서 부업 삼아 그림을 그리는 작가도 있습니다. 그러니 그저 개인 작업물을 휙휙 뒤져보다가 '그림 정말 예뻐요!'라는 말로 다가가기엔 지나치게 거리감이 느껴질 것 같았죠. 저는 그 세계에 '진짜로' 닿고 싶었거든요.

늘 실마리는 의외의 곳에 있는 법입니다. 프로젝트를 시작한 지 얼마쯤 지났을까요. 작가 개개인별로 작품을 업로드하는 방식이 천차만별이라는 사실을 알게 된 거죠. 어떤 작가는 종이에 먼저 밑그림을 그려 스캔한 다음 포토샵으로 채색하는가 하면, 처음부터 끝까지 디지털 작업만을 고수해 그림을 그리는 경우도 있었습니다. 또 어떤 작가는 몇십 년째 오직 캔슨에서 만든 XL사이즈의 중량 90그램짜리 스케치북에만 그림을 그리고, 다른 작가는 코픽 멀티라이너 세피아색 0.1 밀리미터 펜만 사용한다는 사실을 알게 됐죠. 완전히 새로운 세계였습니다.

그날로 저도 부담스럽지 않은 입문자용 디지털 태블릿을 하나 구입했습니다. 화방에 가서 펜 드로잉에 많이 쓰이는 스케치북과 여러 자루의 펜도 샀죠. 어설프게 흉내를 내거나 이런 것들로 작가들의 환심을 살 생각은 전혀 없었습니다. 그저 이런 도구는 어떤 사용감을 주는지, 이렇게 그리면 어떤 기분이 드는지가 궁금했으니까요.

책이란 분야가 참 신기한 게 '드로잉'이나 '스케치'에 관한 책만해도 어마어마한 종류가 있더군요. 심지어 그림을 그리기에 좋은 종이나 도구를 상세히 설명해놓은 책도 있고요. 이런 기회가 아니면 살면서 언제 또 그런 책에 관심을 가져보겠습니까. 틈날 때마다 책을 뒤적이며 아주 조금씩이나마 '그들이 그리는 세상'과 마주하는 거죠.

프로젝트가 끝날 무렵 한 작가님이 저에게 이런 말씀을 하시더군요.

"제가 그림 톤이 좀 특이해서 발색 관련 부분에 집착을 많이 하거든요. 테스트 과정 동안 마음에 드는 인쇄지가 없어서 그냥 적당한 선에서 타협해야 하나…. 스트레스를 너무 받았어요. 근데 매니저님이 직접 나서서 종이 한 장 한 장 다 같이 골라주시고 인쇄 감리까지 따라가주시는 모습에 정말 감동했어요. 덕분에 프로젝트를 무사히 잘 마칠 수 있었어요!"

그런 말을 들을 때의 벅참은 잊을 수 없죠. 무엇인가를 함께 기획하고 만드는 직업을 갖길 참 잘했다는 생각이 듭니다. 제가 그 짧은 시간 동안 예술의 세계를 깊이 이해해서 그런 행동을 한 게 아니라는 건 여러분도 알고 저도 압니다. 대신 일러스트레이터라는 직업에 함께 몰입하다 보면 종이 중량 1그램 차이도 작가 자신에게는 엄청난 변화일 수 있구나 하는 사실에 공감하게 되는 것뿐입니다.

물론 모든 일을 매번 이렇게 할 수는 없겠죠. 시간적, 물리적, 에너지적 한계가 분명히 있을 겁니다. 솔직히 깊이 몰입했다고 해서 항상 결과물이 좋으리라는 보장도 없고 말이죠.

하지만 언제든 새로운 세상으로 뛰어 들어갈 수 있도록 나만의 웜홀을 여는 방법 정도는 열심히 연마해놓는 것이 좋습니다.(이게 또 연습 안 하면 잘 안 열리거든요…) 그리고 어느 날 그 순간이 찾아오면 최대한 몰입해서 살아보는 거죠. 마치 처음부터 그 세상에 있었던 것처럼 말입니다.

저는 몰입감이 떨어지려 할 때마다 영화 〈해리 포터〉 시리즈의 주인공인 다니엘 래드클리프의 인터뷰를 떠올립니다.

"10년에 가까운 세월 동안 해리 포터를 연기한 소감이 어떤가요?"

"전 해리를 연기한 게 아니에요. 제가 바로 해리 포터였다고요!"

가끔 주위 사람들이 무거운 고민을 털어놓을 때가 있습니다. 팀을 옮기고 싶어 하는 사람, 회사를 떠나 이직하고 싶어 하는 사람, 가끔은 아예 직업을 바꾸거나 제2의 인생을 시작하고자 하는 사람도 있거든요.
그런 고민 앞에서는 쉽사리 이거 해봐, 저거 해봐 하는 식으로 답을 할수 없으니 저 또한 고민이 많아집니다. 그런데 어느 순간부터는 아주 조심스레 이런 말을 하게 되더라고요.

"네가 몰입해서 할 수 있는 일이면 좋겠어."

좋아하는 일이나 잘하는 일을 하라는 말도, 돈을 많이 벌거나 커리어가 보장된 일을 하라는 말도 아니니 조금은 애매모호할 수 있을 겁니다. 하지만 저는 진심으로 그렇게 생각합니다. 스스로 몰입하고 그 안에서 어떤 의미를 찾을 수 있는 일이라면 결코 후회할 선택이 아닐 거라고 말이죠.

떠올리다 < 풀어내다 ────────

기획자는 예술가가 아닙니다.

　갑자기 천재 작곡가가 악상을 떠올릴 때처럼 아이디어가 머리를 스치는 경우는 생각보다 많지 않습니다. 대신 A와 B 라는 점을 잇기 위한 수많은 과제들이 우리 앞에 존재하고, 그걸 하나하나 푸는 방법으로써의 영감이 매우 중요합니다. '어떻게', 즉 How와 관련된 일이죠.

　언젠가 야구선수 오승환 선수의 인터뷰를 본 적이 있어요. 마무리 투수로서 한창 전성기를 달릴 때 기자가 그 비결에 대해 물었습니다.

"투수로서 공을 던질 때 제일 중요한 게 뭔가요?"

"온몸이죠."

"온몸이요?"

"네. 공 하나를 던지려면 정말 온몸을 다 써야 하거든요. 그러니 온몸으로 던진다고 보는 게 정확하죠."

기획이나 브랜딩 일을 한다고 하면 많은 분들이 크리에이티브에 관해 질문합니다. 어디서 아이디어를 얻는지 언제 좋은 영감이 떠오르는지, 대부분 그 원천에 관해 궁금해하죠. 사실 그런 질문을 받을 때면 항상 민망합니다. '오 지금 영감이 온다. 나에게로 영감이 쏟아져 들어온다'라고 느끼며 생각의 실마리를 풀어간 적은 단 한 번도 없었던 것 같거든요.

물론 청춘 드라마에서처럼 'OO 씨, 이거 정말 대박인데! 이거 감이 좋아!'라는 오글거리는 대사와 함께 모든 일이 일사천리로 진행되는 상황도 발생하지 않습니다.

대신 가장 많이 듣는 말 중 하나는 바로 이것이죠.

"그래서 어떻게 풀어낼 거야?"

맞습니다. 저는 영감은 '떠올린다'의 문제가 아니라 '풀어낸다'의 문제라고 생각합니다.

소설가 장강명 님은 "모든 영감은 불완전한 형태로 다가온다"라고 했습니다. 광고인 박웅현 대표님도 "옳은 답을 찾으려 하지 말고, 무엇인가를 선택한 후 옳게 만드는 데 집중해야 한다"라고 강조했죠. 매우 동감합니다. 두 의견 모두 과정과 태도에 대한 이야기를 하고 있으니까요.

영감이란 녀석이 매끈히 잘 다듬어져서 예쁜 그릇에 담긴 다음 먹기 좋게 우리 앞에 놓일 확률은 없습니다. 대신 '이게 뭐지? 이거 먹는 건가? 아닌가? 이걸 여기 놓으면 저거랑 아귀가 맞나?'라는 혼란스러움과 함께 참 애매한 형태로 여러분을 스쳐 지나갈 겁니다. 묻은 흙을 털어내고 모난 부분을 깎아도 보고, 때론 이로 깨물고 직접 혀를 대봐야 대충 뭔지 감을 잡을 수 있는 정도일 테죠. 그러니 이 불완전한 영감을 내 것으로 만들기 위해서는 온몸을 써야 합니다. 투수가 공을 던질 때처럼 말이죠.

▌기억을 걷는 시간

간혹 지나치게 시詩적인 느낌의 카피를 볼 때가 있습니다. 혹은 난해하고 복잡해서 무얼 말하려는지 단번에 알아차리기 힘든 카피도 있죠. 지은이의 설명을 듣고 나면 그제서야 어렴풋이 이해가 되는 것도 같습니다. 하지만 대개 이런 텍스트들은 힘을 발휘하지 못합니다. 저는 그 이유가 지극히 개인적인 감정을 영감으로 착각했기 때문이라고 생각합니다.

혹시 러시아 민속인형인 마트료시카 아시나요? 뚜껑을 하나 열면 그 안에 또 인형이 있고, 그 인형 뚜껑을 열면 같은 모양의 작은 인형이 또 하나 들어 있는 장난감이요. 저는 사람 감정도 이와 비슷하다고 생각합니다. 내가 내 감정에 빠지다 보면 그 뚜껑을 한없이 열고 들어가기 시작하거든요. 반복할수록 더 깊고 개인적인 감정이 나오는 것은 말할 것도 없고요. 그러다 어느 순간 감성과 기억이 한데 버무려져 '울컥'하는 순간이 오는데, 대부분 이때의 강렬함이 오래 지속됩니다.
그런데 문제는 이 강렬함이 매우 주관적일 수 있다는 거예요. '그런 말은 일기장에나 써요'라는 핀잔이 괜히 있는 게 아니라는 걸 기획 일을 하며 다시 깨우칩니다.

밴드 '넬'의 노래 중에 〈기억을 걷는 시간〉이란 곡이 있습니다. 개인적으로 참 좋아하는 곡인데 무엇보다 가사가 정말 일품인 노래예요.

노래 속 주인공은 헤어진 연인을 그리워하며 "길을 지나는 어떤 낯선 이의 모습 속에도, 바람을 타고 쓸쓸히 춤추는 저 낙엽 위에도, 뺨을 스치는 어느 저녁에 그 공기 속에도" 아직 잊지 못한 그대가 있다고 말합니다. 가슴 저릿하죠. 찬바람 부는 가을날 들으면 메마른 감성에 정전기 제대로 일으키는 곡입니다.

그런데 정작 중요한 건 바로 그다음 가사예요.

"어떤가요 그댄. 어떤가요 그댄. 당신도 나와 같나요."

그렇죠. 그토록 바라는 당신의 그대는 전혀 다른 생각을 하고 있을지 모릅니다.

길을 지나는 낯선 이의 모습에서 오늘 자신을 구박한 회사 상사를 떠올릴 수도 있고 바람을 타고 춤추는 저 낙엽을 보며 제발 내 옷과 머리카락에 엉겨 붙지 않기만을 바라며 걸음을 재촉할지도 모릅니다. 내 감정을 움직인 요소가 다른 사람들의 감정까지 움직일 거라고 착각해선 안 되는 중요한 이유죠.

개개인이 모두 아티스트가 되어야 하는 시대라고 말합니다. 하지만 이는 어떤 일을 하든 아티스트적인 관점과 완성도를 갖추어 그 결과물의 질을 끌어올리라는 의미이지 주관의 늪에 빠지라는 말은 아닙니다. 특히 이야기를 풀어내야 하는 일을 맡은 사람들에겐 더더욱 경계해야 하는 부분이죠. 잊을 만하면 반복되는 논란의 광고 카피들도 대부분 이 문제에서 비롯된다고 생각합니다.

　이러한 늪에 빠지지 않기 위해서는 스스로 떠올린 영감을 복기復棋하는 것이 중요합니다. 바둑에서 대국을 마친 뒤 자신이 놓은 수를 하나하나 되짚어가듯이 내가 떠올린 아이디어를 거슬러 올라가 보는 거죠.

　며칠을 끙끙 앓던 과제라도 어느 순간 실마리가 보이는 때가 오기 마련입니다. 그럴 땐 덥석 물기보다 그 생각이 어디서 나오게 되었는지 그 과정을 천천히 떠올려보시길 바랍니다. 깊은 고민에 빠진 나머지 너무 복잡한 과정을 거치진 않았는지, 생각의 흐름 속에서 어느 한 부분이 다소 느슨했던 것은 아닌지 직접 확인해보는 거죠. 내 아이디어가 나에게로 온 과정을 되짚다 보면 그 아이디어가 사용자에게 전달될 길도 보이거든요. 그러면 영감을 풀어가는 일도 한결 쉬워집니다.

▌영감을 풀다

무엇인가를 기획하는 일을 오랫동안 하다 보니 저도 조금씩 저만의 방식들을 만들어가게 되더군요. 쓸 만한 아이디어인지 아닌지를 구분하고, 선별된 아이디어를 단계적으로 구체화해본 다음, 타깃이 되는 사용자에게 어떻게 전달할지를 고민하는 방식들 말입니다. (이건 '법칙'이라 부를 수 없음은 물론이고 감히 '방법'이라고 말할 수도 없습니다. 그저 저의 스타일을 소개하는 것인만큼 여러분은 또 여러분만의 방식을 찾아야 하겠죠?)

–

생각의 숙성

영감을 풀어가는 저만의 방식 중 하나는 생각의 '숙성' 기간을 충분히 가지는 것입니다. 아마 바로 반문부터 하는 사람들이 있겠네요. '아니, 일하며 충분한 시간을 보장받는 기획자가 몇이나 된다고!' 하고 말이죠.

　물론 맞는 말입니다. 저도 늘 시간에 쫓기고 일에 치이며 사니까요. 하지만 제가 말하는 숙성이란 생각을 머릿속에만 가둔 채 질질 끌라는 의미가 아닙니다. 뭔가 좋은 아이디어라고 판단되면 이를 적당한 시간 동안 다양한 방법으로 스스로에게 노출시키라는 얘기죠. 마치 와인이나 고기를 에이징하는 것처럼 말이에요.

저는 떠오른 생각을 메모한 뒤 그 메모와 자주 마주하는 방식을 즐겨 씁니다. 그래서 메모를 노트에 쓰고 덮어두기보다는 PC나 핸드폰 바탕화면에 고정시켜 놓는 걸 더 선호해요. 내가 떠올린 생각을 나 자신에게 먼저 보여주고 그 반응을 자주 체크하는 거죠.

이때는 나름 몇 가지 단계를 거치는데요, 우선 머릿속에 생각한 것들을 찬찬히 텍스트로 풀어써보는 것부터 시작합니다. 그렇게 글로 자유롭게 스토리를 만들어본 다음 몇 가지 주요 내용을 뽑아 정리하고, 이를 다시 키워드로 만들어 분류해보죠.

그런 다음 본격적인 가공을 시작합니다.

선택한 키워드에 맞는 다양한 이미지나 비주얼 자료를 골라 마치 잡지 표지처럼 만들어놓거든요. 내가 글로 쓴 이야기나 키워드가 실제 모습으로 구현된다면 어떤 느낌일까를 구체적으로 상상해보는 겁니다. 비단 이미지뿐 아니라 음악, 영화, 책, 음식, 장소, 심지어 사람이 될 수도 있는 거고요.

예를 들어 우리가 새로운 서비스를 준비하고 있다고 한번 가정해보죠. 그 브랜딩 콘셉트는 '피크닉'이라고 해두고요.

그런데 '피크닉'이라는 단어만 머리에 담아둔 채 고민만 반복한다면 사실 큰 발전이 없습니다. 설상가상으로 나도 모르는 사이에 피크닉에 관한 고정관념들이 굳어버릴지도 몰라요. '피크닉? 소풍? 봄? 발랄함? 즐거움? 하하 호호하는 분위기?'로 몰아가게 되는 거죠. 그러니 떠올리는 데 머무르지 말고 직접 하나씩 풀어내야 합니다.

우선 피크닉에 대한 이야기를 주저리주저리 나열해보는 걸로 출발하는 거예요. 피크닉에 얽힌 일화도 좋고 소풍이 담고 있는 긍정적인 메시지도 좋습니다. 함께 피크닉 가고 싶은 사람은 누군지, 아니면 절대 피크닉이 불가한 장소는 어디일지도 손 가는 대로 써보는 거죠.

그리고 생각이 확장될 수 있을 만한 소재들을 따로 추려 주요한 키워드로 묶는 겁니다.

#피크닉의 필수 아이템은 뭘까? #사귄 지 한 달 된 커플이 피크닉을 간다면? #피크닉, 나들이, 드라이브, 벚꽃놀이. 이들의 정확한 차이는 뭘까? #피크닉이란 단어를 포용할 수 있는 브랜드와 그렇지 않은 브랜드는 뭐가 있을까?처럼요.

그리고 이제 이 키워드별로 연관되는 이미지를 계속 수집하고 정리해보세요. 그런 다음 스스로에게 자주 노출시키는 실험을 해보는 거죠. 화사한 봄날의 이미지 대신 차분한 모노톤의 이미지 위에 피크닉이란 단어를 올리면 어떤 느낌이 드는지, 기존의 영화 포스터 중 제목을 피크닉으로 바꿔도 어색하지 않을 만한 게 있을지, 웹 사이트 이름이 피크닉이라면 어떤 물건과 서비스를 파는 곳일지, 내 생각을 하나씩 정교하게 디자인해보면 텍스트에서 출발한 심상이 조금씩 구체화되기 시작합니다.

실제로 저는 이 '피크닉'에 대해서 여러 가지 아이데이션을 해볼 기회가 있었는데요, 뜻밖에도 우리가 피크닉이란 단어로 연상하는 것들의 대부분이 '준비'와 연결되어 있다는 사실을 알게 되었습니다.

소풍 가기 하루 전의 설렘, 애인을 위해 도시락을 준비할 때의 즐거움, 어떤 옷을 입고 갈지 날씨는 어떨지 길이 막히지는 않을지. 온통 신경이 내일을 향해 있는 그 마음들은 모두 피크닉을 준비하면서 느끼는 것들이니까요. 그래서 '피크닉=준비의 즐거움'이라는 기준점을 잡고 하나씩 생각을 발전시켜나갈 수 있었어요. 그 결과 또한 기대 이상이었고요.

만약 다양한 방법으로 충분히 생각을 숙성해보지 않았다면 이 중 많은 것을 놓치고 지나갔을지 모릅니다. 생각이 무르익을 수 있는 시간과 환경이 꼭 필요한 이유이기도 하죠.

—

반응 수집

가수 지코는 랩 가사를 쓸 때 꼭 주위의 동료 래퍼들에게 먼저 들려주고 반응을 체크한다고 합니다. 혹시 발음이 부정확하거나 단어 간 충돌이 생겨 제대로 캐치할 수 없는 가사가 있는지 확인하기 위해서라고 하죠. 예술가인 지코도 이렇게 동료들의 목소리에 귀 기울이며 작업을 하는데 기획하는 사람이 주변에 의견을 구하는 것은 너무도 당연한 일입니다. (간혹 자신의 기획물이 일정 수준의 형태를 갖추기 전까지 절대 공유하지 않고 혼자 전전긍긍하는 사람들을 봅니다. 음…, 그렇게 좋은 방식 같지는 않아요.)

저는 주변 사람들을 많이 괴롭힙니다. 정말 질문을 많이 하거든요. 주로 제 업무와 동떨어진 다른 일을 하는 동료나 회사 친구들을 대상으로 삼습니다. 아무래도 배경지식이 없는 상태라야 솔직하고 즉각적인 피드백을 줄 수 있으니까요.

이때는 질문 자체에도 신경을 써야 합니다. 그저 '이건 어때요? 저건 어때요? 요런 느낌은요? 둘 중에 뭐가 나아요?' 식의 질문으로는 반응을 얻는 데 한계가 있거든요.

그보다는 상대방도 함께 몰입할 수 있는 상황을 만들어 질문을 던지는 것이 좋습니다. 친한 친구들은 제가 '만약에~'라는 말을 꺼냄과 동시에 '아 또 시작이구나' 하고 생각합니다. 저는 가정법 질문을 진짜 좋아하거든요. 그것도 최대한 구체적인 것으로요.

"만약에 네가 엄청 맘에 드는 이성이 생겼어. 잘 보이고 싶어. 마침 그 사람이랑 단둘이 식사를 할 기회가 생겼어. 근데 넌 평소에 패션에 큰 관심도 없고 옷도 많이 사지 않는 편이잖아.

그럴 때 코디에 대한 조언을 받고 싶다면 어떻게 할 것 같아? 패션 센스가 좋은 친구에게 도와달라고 하기? 아니면 직접 매장으로 가서 점원에게 추천받기? 온라인 커뮤니티에 '도와줘 형들!'이라는 글 올리기? 옷은 옷일 뿐이니까 굳이 꾸미기보다는 최대한 깔끔하고 단정하게만 나가기?"

이런 질문을 해대는 통에 상대방은 일어나지도 않은 일에 괴로워하며 심각한 고민에 같이 빠져줍니다(?). 그리고 나름 본인의 취향과 상상력을 조합해 대답해주죠.

이때는 대답 자체뿐 아니라 그 사람이 고민을 풀어가는 방법을 관찰하는 게 더 중요합니다. 왜 그런 결론과 선택에 도달하게 됐는지 흐름을 파악하는 게 핵심이니까요.

저는 꼭 비용을 들여서 하는 그룹 인터뷰나 사용자 조사만이 리서치는 아니라고 생각해요. 나의 가장 가까운 주변 동료와 지인들의 도움을 얻을 수도 있는 거죠. 대신 그 사람들이 여러분에게 보내는 반응에 집요할 정도로 집중해보세요. 그럼 문제의 실마리가 생각보다 쉽게 풀릴 수 있습니다.

—

온몸 투구

아까 '투수는 온몸으로 공을 던진다'고 했던 말 잊지 않으셨죠?

개인적으로는 아이디어를 수집하고 이를 풀어내는 방식 역시 온몸을 써야 한다고 생각합니다. 저는 한때 문서를 칼같이 잘 쓰는 사람들이 정말 부러웠습니다. 디자이너, 개발자들이 쓰는 툴을 현란하게 다루거나 새로운 작업 방식이 세상에 나올 때마다 휙휙 갈아타는 사람들도 선망의 대상이었죠. 솔직히 그들은 저보다 저만치 앞서 나가 있다고 생각했습니다.

그런데 조금씩 연차가 쌓이다 보니 이는 어디까지나 작업을 도와주는 수단일 뿐 기획이라는 본질을 흔들어놓지는 못한다는 생각이 들었어요. 일을 잘하는 사람들은 빈 종이에 볼펜으로 슥슥 그리는 것만으로도 본인이 생각하는 관점을 정확히 보여준다는 사실을 알았거든요. 트렌드의 전선에 있는 사람으로서 늘 새로운 것에 대해 관심을 기울여야 함은 분명하지만 그게 내 생각을 옥죄는 틀이 되어서는 안 됩니다.

돌이켜보면 저도 과거에는 '포맷병'에 사로잡혀 있었던 것 같습니다. 왠지 기획서를 쓰면서도 '뭔가 이런 거 하나는 들어가줘야 상차림이 완성되지 않을까?' 하는 마음이 있었죠. 특히 그중에서도 시각화에 집착했던 것 같아요. 디자이너들과의 협업이 많다 보니 무엇이든 눈으로 보여줘야겠다 싶어 불필요한 것들까지 도식화하고 이미지화하려 애썼죠.

'초안에 대한 압박감'도 심했습니다. 킥오프 미팅임에도 불구하고 첫 단추 한번 잘 꿰어보려 너무 앞서간 자료를 준비해 들어간 적도 많았어요. 그러다 보니 공들인 노력이 아까워서인지 자꾸 내 아이디어를 지키고자 방어적인 태도를 취할 때도 있었죠. 의미 없는 일이었습니다. 지금은 "모든 초안은 걸

레다"라는 유명 작가님의 말을 되새기며 '안 되면 걸레로 쓰지 뭐!'라는 마인드로 초안을 만듭니다. (중요한 건 디벨롭이고 완성이니까요!)

대신 기획의 단계마다 어떤 것이 가장 적절한 방법이고 도구일지를 고민합니다. 짧게 정리한 워드 문서 한 장이 될 수도 있고 레퍼런스로 찾은 사진 한 장일 수도 있습니다. 내 생각이 상대방에게 왜곡 없이 전달될 수 있도록 어떤 케이블을 사용할지 정하는 것이, PPT 수십 장을 만들고 혼자 뿌듯해하는 것보다 훨씬 의미 있는 일이거든요.

앞에서도 얘기했지만 저는 크리에이티브란 무엇을 떠올리냐의 문제가 아닌, 어떻게 풀어내느냐의 문제라고 생각합니다.

한때 높은 시청률을 자랑하던 〈냉장고를 부탁해〉라는 프로그램이 있었습니다. 셰프들이 스타의 냉장고 속에 든 평범한 재료들만 가지고 요리 경쟁을 펼치는 것이 콘셉트였죠. 라면, 스팸, 냉동만두, 먹다 남은 과자 등 뻔한 재료들이 각 셰프의 손을 거쳐 멋진 요리들로 탈바꿈하는 과정에 시청자들은 열광했습니다.

그런데 어느 순간부터 거짓말처럼 인기가 하락했습니다. 회를 거듭하며 (제작진이 사전에 공수한 듯한) 다분히 의도된 고급 재료들이 출현하기 시작한 것이죠. 요리 방식보다는 캐비어, 샥스핀, 송로버섯 등 진귀한 재료를 소개하는 데에만 열을 올린 탓입니다. 사람들이 원했던 건 무엇을 가지고 요리하느냐가 아니라 어떻게 요리해내느냐였는데 말이죠.

돌이켜봅시다. 혹시 오늘 하루 특별한 인사이트나 자극을 얻는 데에만 애쓰지는 않았나요? 왜 나에겐 뭔가 한 방이 없을까 하고 자책하지는 않으셨고요?

부족함을 채우고자 하는 갈증은 누구에게나 있습니다. 하지만 이를 해결하기 위해 무조건 인풋을 들이키는 것만이 정답은 아닐 겁니다. 우리를 성장시키는 것은 엉킨 실타래를 차근차근 풀어낼 때의 그 깊고도 진득한 경험일 테니까요.

**BOOK
MARK**

요즘 가장 핫하다는 광고 제작사 '돌고래유괴단'의 신우석 감독 인터뷰 내용입니다.

"주로 어디서 영감을 얻나요?"

"글쎄요. 어디서 얻는지는 모르겠지만 언제 얻는지는 확실히 압니다."

"…?"

"데드라인."

네. 기획하는 사람에게 '데드라인'이란, 떠올릴 때가 아니라 풀어내야 할 때가 왔음을 본능적으로 느끼는 순간이니까요.

저는 어릴 때부터 브랜드를 참 좋아했습니다. (그때는 브랜드라는 단어조차 잘 몰라 '메이커'라고 부르던 시절이었더랬죠.)

그중에서도 각종 브랜드의 이름이나 문구에 유독 집착하곤 했어요. 발음도 잘 안 되는 해외 자동차 제조사들을 줄줄이 외우는 것을 시작으로 옷에 붙은 종이 태그들의 깨알 같은 단어들도 꼼꼼하게 읽었습니다.

딱히 얻는 정보는 없었습니다. 제가 어린 시절을 보낸 90년대는 흔히 말하는 '세기말' 감성이 퍼져 있던 때라 아무 의미 없는 단어들이 제멋대로 나열된 경우도 많았거든요. 그런데도 왜 그런 습관을 가지게 되었는지는 잘 모르겠습니다.

텍스트뿐 아니라 TV 광고 마지막에 나오는 성우의 내레이

선도 꼭 한 번씩 따라 해야 직성이 풀렸어요. '더위사냥' 아이스크림을 친구와 반씩 쪼개어 먹는 꼬꼬마 주제에 입으로는 "커피도 인생도 한 박자 천천히, 테이스터스 초이스" 같은 문장을 시도 때도 없이 외우고 다녔습니다. 지금 생각하니 약간 괴짜였던 것 같기도 하네요.

성인이 되어서 그 버릇은 조금 다른 방향으로 가지치기를 했습니다. 예능 프로그램에 나오는 자막들이 그렇게 재미있을 수 없는 겁니다. 특히 예능 자막의 한 획을 그은 무한도전 같은 프로그램은 일부러 다운로드를 해서 볼 정도였죠. 놓친 자막이 있으면 뒤로 돌아가 다시 봐야 했으니까요. 사람들이 자주 쓰는 유행어가 자막으로 입혀지고 그렇게 방송을 탄 자막이 다시 사람들 사이에서 유행어가 되어가는 사이클이 신기했습니다.

영화 포스터에 담긴 부제나 카피도 좋은 먹거리가 아닐 수 없었어요. 영화의 한 줄 설명이 맘에 든다는 이유만으로 찾아본 작품도 꽤 많았습니다. 포스터에 쓰인 카피가 영화와 딱 맞아떨어지지 않아 아쉬운 경우엔 제 마음대로 문장을 바꾸어 새로 써보기도 했고요. 알아주는 사람 하나 없어도 그 작업이 참 신났습니다. 그때는 잠깐 광고 카피라이터의 꿈을 꾸기도 했던 것 같네요.

▎ 제목 탐구생활

그러다 드디어 제 텍스트 인생(?)의 최애 취미와 마주하게 되었습니다.

바로 책 제목을 눈여겨보기 시작한 것이죠. 사실 어릴 때는 책도 많이 읽지 않았을뿐더러 책 제목들에 큰 흥미를 느끼지 못했습니다. 제 눈엔 유난히 지루하고 뻔해 보이는 것들이 바로 책 제목이었거든요. 대부분이 명사 한 단어로 끝나는 것들이었고 '~에 대하여'처럼 학술적인 이름들도 흔했습니다. 간혹 특이한 소설 제목들이 식빵 속 건포도 마냥 드문드문 존재감을 드러내기도 했지만 당시에는 내용만큼 제목에 큰 힘을 주지 않았던 시절이었죠.

전환의 계기는 대학교 때 만났던 한 강의에서부터 시작되었습니다. 다른 학과에서는 무엇을 배우나 기웃거리다가 3학년 무렵 사회학과 수업을 하나 듣게 되었어요. 그런데 이 수업의 강의계획서를 보고 깜짝 놀랐습니다. 매주 진행될 수업의 주제가 모두 한 단어로만 작성되어 있는 것이었습니다. '1, 2주 차: 존재 / 2, 3주 차: 관계 / 3, 4주 차: 사회 / 5, 6주 차: 규칙' 이런 식이었던 거죠. '대체 저 단어들만 가지고 무슨 수업을 한다는 거지?' 수강신청을 취소할까 잠깐 고민하다가 호기심이 발동해서 그냥 듣기로 했습니다.

수업은 생각보다 꽤 재미있었습니다. 하나의 주제를 가지고 2주간 수업을 진행하는데, 교수님이 칠판에 그날의 주제어만 큼직하게 써놓고 나머지는 학생들과의 자유토론을 통해 이끌어갔거든요. 한국인의 DNA 특성상 처음엔 그 누구도 먼저 발언하지 않고 눈치만 보다가 어느 순간에 이르면 서로 말을 가로막는 수준의 뜨거운 토론이 이어졌죠.

하지만 재미에 비례해 불안함도 조금씩 커졌습니다. 다음 수업 때도 분명 열띤 이야기가 오고 갈 텐데, 다리 하나라도 걸치기 위해서는 말 그대로 '밑천'이 있어야 했거든요. 어디서 주워들은 것이라도 있어야 주장을 하고, 대충 냄새라도 맡아봤어야 근거를 댈 수 있으니까요.

그날부터 열심히 도서관을 들락날락했습니다. '존재', '관계' 같은 단어처럼 살면서 크게 고민해본 적 없는 대전제를 가지고 그에 맞는 책들을 탐색하기 시작했죠.

밀란 쿤데라의 《참을 수 없는 존재의 가벼움》에서는 대체 '존재'를 무엇이라 이야기하고 있는지, 데일 카네기는 《인간관계론》을 통해 '인간'을 말하고 싶었는지 '관계'를 강조하고 싶었는지, 워딩 하나하나에 방점을 찍어가며 책을 찾았습니다. 시간은 정해져 있고 그 안에 모든 책을 읽을 수는 없으니 최대한 제목발 잘 받는 책들을 골랐습니다.

"재레드 다이아몬드가 《문명의 붕괴》를 통해 현대사회에 말하고자 하는 것은 오히려 문명의 재건이었는지 모릅니다"와 같은 멘트가 난무하는 수업 현장에서 꿀 먹은 벙어리가 되지 않으려면 그 수밖에 없었거든요.

그렇게 짧지만 강렬한 한 학기가 끝나자 찾아만 놓고 읽지 못한 책들이 이내 아쉬웠습니다. 지금 당장은 아니더라도 살면서 한 번쯤은 읽을 수도 있으니 제목이라도 정리해보자 싶더라고요.

정신을 차리고 주제별로 주욱 정리해놓은 책 리스트를 훑어보니 놀랍게도 흐트러져 있던 생각들이 조금이나마 자리를 잡아가는 것 같았습니다. 거대한 담론 아래 사람들이 각자 어떤 시각으로 그 문제에 다가가는지가 보이더라고요.

저는 그때 책의 제목이 주는 힘을 느꼈습니다. 제목만으로도 글쓴이의 생각에 다가갈 수 있고, 제목과 제목을 이으며 새로운 책을 발견할 수도 있겠다 싶었거든요. 그 후로는 한글판뿐 아니라 원서의 제목도 꼭 확인하는 버릇이 생겼고 책에 쓰인 부제도 가능하면 기억해두고자 합니다.

▌세상에 뿌려진 제목만큼

책 제목을 하나 둘 모으는 저의 취미는 좋은 시대를 만나 시너지를 일으켰습니다.

지루하게만 느껴졌던 책 제목들이 언젠가부터 굉장히 화려해지는 트렌드를 보인 것이죠. 개인적으로는 약 10년 전부터, 그러니까 2010년을 즈음해 그런 흐름이 뚜렷해졌다고 생각해요. SNS 활동이 폭발적으로 늘어나면서 스마트폰만으로도 짧은 글을 유통하는 시대가 되었기 때문입니다.

덕분에 트위터 시인, 페북 작가처럼 정제되지 않은 날 것 그대로의 글이 실제 책으로 출간되었고 제목도 이 흐름을 따라가기 시작했습니다. 웹툰의 등장이 만화 산업 전반의 변화를 가져왔다면 출판계에서는 SNS가 그와 비슷한 역할을 했음을 부정

할 수 없습니다. 그리고 지금은 감히 책 제목의 춘추전국시대
를 맞이했다고 생각해요. 저에겐 참 좋은 세상이 온 것이죠.

물론 이런 흐름을 싫어하는 사람도 있습니다. 자고로 책은
책다워야 하는데 장난스러운 제목들로 책이 출간되는 것을
못마땅해하는 겁니다. 뭐 그럴 수 있습니다. 모두가 개인의
취향을 가지고 있으니까요.

하지만 저는 이런 트렌드가 재미있습니다. 제목만 봐도 무
슨 이야기를 하고자 하는지 그 주제의식이 명확히 드러나는
것이 속 시원하더라고요. 예전의 책 제목들이 내용에 대한 궁
금증을 유발하는 형태로 지어졌다면 지금은 한 줄 문장으로
도 작가가 말하고자 하는 메시지가 선명하게 느껴지거든요.
특히 이러한 분위기는 자신의 목소리를 정확하게 낼 줄 아는
밀레니얼과 Z세대의 공감에 힘입어 날개를 달았습니다.

그중 정문정 작가의 《무례한 사람에게 웃으며 대처하는
법》과 백세희 작가의 《죽고 싶지만 떡볶이는 먹고 싶어》를
빼놓고 이야기할 수는 없을 것 같습니다.

《무례한 사람에게 웃으며 대처하는 법》에는 무려 '인생 자
체는 긍정적으로, 개소리에는 단호하게'라는 부제까지 달려

있어요. 자주적이고 씩씩한 자세로 살되, 외부로부터 오는 비상식적인 공격들에는 냉정해지라는 것이 이 책의 핵심 메시지입니다.

반향은 컸습니다. 학교든 직장이든 심지어 가정에서든 예절과 전통이라는 이름 하에 묵인되어온 수많은 꼰대 문화들에 시원한 한 방을 날렸거든요. 저는 그중에 제목의 역할도 무척 컸다고 생각합니다. 이미 책의 제목과 부제만으로 하고자 하는 이야기의 절반은 끝낸 느낌이었으니까요.

《죽고 싶지만 떡볶이는 먹고 싶어》 역시 에세이 트렌드에 큰 영향을 준 작품임에 틀림없습니다.

이 책은 가벼운 우울감이 지속적으로 반복되는 '기분부전 장애'를 가진 저자가 정신과 전문의와 나눈 이야기를 엮은 작품입니다. 중증 우울증은 아니지만 그렇다고 딱히 행복하지도 않은 채로 하루하루를 살아가는 현대인의 마음을 잘 대변해주고 있죠. 잠자리에 들 때 내일 아침 눈을 뜨지 못해도 별로 아쉬울 것 없다는 감정과 그 와중에도 작은 것 하나에 잠깐 그 우울감을 잊기도 하는 우리들의 복잡 미묘한 본능을 제목 하나에 오롯이 담아냈습니다.

덕분에 '죽고 싶지만 ○○○은 하고 싶어'라는 수많은 패러디를 낳았죠. 한편에서는 인간의 삶에 '떡볶이'가 차지하는 중요도와 위상을 재평가해야 한다는, 떡볶이 바로 세우기 운동까지 벌어질 기세였습니다.

앞서 말했듯 저는 책 제목을 조금씩 비틀어보거나 제멋대로 다시 써보는 것을 좋아하는데요. 이 책만큼은 그럴 엄두를 못 냈습니다. 단짠의 조합이 잘 맞아 입에 착 달라붙는 떡볶이처럼 완벽했거든요.

요즘은 이런 에세이의 제목들이 재미있어 자주 메모해놓습니다. 정확히는 차곡차곡 모은다고 하는 것이 맞겠네요.

책의 제목을 모은다? 어딘가 좀 어색하죠? 물론 책을 좋아하는 사람 중에도 제목에 크게 집착하는 사람은 없는 것 같습니다. 대부분이 '그 책 정말 인상 깊었어'라고 이야기하지 '그 책 제목 정말 잘 지었어'라고 하지는 않으니까요. 하지만 관심 가는 책의 제목들을 한데 모아 읽어보면 왠지 한 시대의 트렌드가 보이는 느낌입니다.

우리가 '도전'의 시대에 사는지 '위로'의 시대에 사는지, 세상을 향해 소리치는 목소리가 큰지 스스로를 다독이고 감싸는 목소리가 우선인지 가늠해볼 수 있는 게 저는 좋습니다. 같은 주제를 놓고도 반어법을 통해 얄미우리만큼 비꼬아 애기하는지 아니면 콜라에 넣은 멘토스 마냥 속에 있는 말을 다 내뱉어놓았는지를 비교하는 재미도 쏠쏠하고요.

최근에는 '제목이 다했다'라고 느껴질 만큼 강한 아우라가 느껴지는 작품들이 좋습니다. 자기만족 운동 에세이를 표방하는 《살 빼려고 운동하는 거 아닌데요》나, 힘든 삶 속에서 농담이 가지는 존재감을 보여주는 《내가 죽고 싶다고 하자 삶이 농담을 시작했다》도 인상 깊은 제목이었습니다.

《좋은 사람에게만 좋은 사람이면 돼》, 《상식으로 살고 있나요?》, 《나는 간호사, 사람입니다》, 《마음 번역기가 필요해》, 《타인의 시선을 의식해 힘든 나에게》, 《시는 내가 홀로 있는 방식》, 《너를 생각하는 것이 나의 일생이었지》 등도 메모 앱 한편에 고이 모아둔 제목들입니다.

가수 장기하의 《상관없는 거 아닌가?》 역시 그가 지난 10여 년간 보여준 음악 세계와 가치관에 잘 어울리는 책 제목이었어요. 마치 70년대 그룹사운드 스타일의 멜로디를 타고 '아니 뭐 크게 상관없는 거 아닌가'라며 읊조리듯 노래를 시작할 것만 같았거든요.

▎제목은 시작이자 완성

이렇게 직설적인 책 제목들이 서서히 고개를 들기 시작한 무렵으로 기억합니다.

당시 한 프로젝트에 TF멤버로 참여하게 되었는데 공교롭게도 창작자와 관련된 업무였습니다. 이름이 알려지지 않은 아티스트들이 자유롭게 자신의 창작물을 공유하고 나아가 스스로 자립할 수 있는 비즈니스 생태계를 만드는 프로젝트였죠.

맞습니다. 무지 어려운 프로젝트였습니다. 핵심은 아티스트들이 조금이나마 경제적 걱정을 하지 않고 작품 활동에 전념할 수 있도록 기반 문화를 다지는 것이었어요. 길고 긴 회의가 이어지고 몇 차례인지 기억도 나지 않을 만큼 많은 수정 모델을 거쳐 드디어 상부에 1차 보고를 하는 시점에 다다랐습니다. 그때까지만 해도 보고서 제목이 '창작자 수익 개선 플랫폼 활성화 방안'이었습니다.

그런데 저는 그 제목이 마음에 들지 않았습니다. 중요한 게 '창작자'인지 '수익 개선'인지 '우리 회사의 플랫폼'인지 대체 어디에 초점을 맞춰야 하는지 도무지 알 수 없는 제목이었거든요. 긁어 부스럼 만드는 거 아닌가 싶기도 했지만 그래도 가만 있는 거보단 낫겠다 싶었습니다. 그렇게 파워포인트 첫

장을 열어둔 채 모니터와 눈씨름을 시작한 지 몇 시간째, 결국 보고서의 제목을 바꿔버렸죠.

'예술가는 언제까지 배고파야 하나요?'

이 한 문장을 크게 쓰고 아래에는 '음악만 해도, 그림만 그려도 먹고살 수 있는 플랫폼 만들기'라는 부제를 달았습니다.

당시만 해도 이런 분위기의 보고자료 제목을 본 적이 없던 터라 회의에 들어가는 내내 심장이 쫄깃했습니다. 하지만 다행히 결과는 만족스러웠어요. 프로젝터 화면에 보고자료 첫 장을 띄우는 순간 회의실 안에는 웃음이 터졌고 이내 우리가 하려는 것이 무엇인지 단번에 공감대를 형성할 수 있었거든요.

기획자로서 이럴 때 참 짜릿합니다. 뭔가를 해서 칭찬 들을 때가 아니라 내가 날린 메시지가 상대방에게 정확하게 날아가 꽂히는 순간, 그 순간이 정말 상쾌하니까요. 전날 밤에 에너지 드링크를 연거푸 들이켜도 맑아지지 않던 머릿속이 그때만큼은 피톤치드 가득한 대나무숲이 되는 느낌입니다.

물론 매번 보고자료 제목을 이렇게 쓸 수는 없습니다. 회사의 분위기나 문화에 따라 각자 정해진 방식으로 제목을 달아야 하는 경우도 있죠. 보고받는 사람들의 취향도 당연히 고려해야 하고요.

다만 지금껏 내가 쓴 자료나 문서의 제목들이 그저 여러 단어의 나열로만 이루어진 임팩트 없는 제목들은 아니었는지 고민해볼 필요는 분명히 있습니다. 간혹 이것저것 좋은 말들을 다 끼워 맞춘 제목의 문서들도 자주 보는데요, 대체로 자기만족일 뿐 읽는 사람은 어떤 워딩에도 반응하지 않는 경우가 많습니다.

반대로 이게 파일 제목인지 문서 제목인지 분간하기 어려울 만큼 무미건조한 사례도 적지 않고요. 대세는 자연스러움이라지만 소개팅에 회색 추리닝을 입고 갈 수는 없는 노릇이죠.

서점에 깔린 수많은 책들 중에서 '이거 재미있겠는데?'라고 집어 들었던 책. 그 책의 제목과 마주하던 순간을 한번 떠올려보세요. 안에 담긴 내용이 궁금해지고, 이 글을 쓴 작가가 궁금해지고, 왠지 나의 반나절을 이롭고 기분 좋게 채워줄 것 같은 그 기대감을 말입니다.

그 느낌을 떠올리며 제목을 써보는 거죠. 혹시 위험부담이 있다고 판단되면 기존에 작성한 보고자료 제목에 센스 있는 부제 정도를 달아보는 것도 좋은 방법입니다. 중요한 건 문서의 초입에 내가 말하고자 하는 메시지가 잘 전달될 수 있는지, 이 문서를 읽고 이 발표를 듣는 사람의 공감대가 하나로 합쳐질 수 있는지니까요.

바야흐로 인스타그램에 올리는 사진 한 장에도 센스 있는 태그가 필요한 시대입니다. 카카오톡 상태 메시지는 물론 명함에 한 줄 자기소개를 추가하는 회사도 어렵지 않게 찾을 수 있죠. 어떤 식으로든 온 힘을 다해 콘텐츠를 만들고 있는 우리니만큼 그 모든 콘텐츠가 빛을 낼 수 있도록 제목의 화룡점정을 찍는 연습을 해보는 건 어떨까요?

BOOK
MARK

예정에 없던 임신으로 축복과 멘붕을 동시에 겪던 입사 동기에게 《내가 엄마가 되어도 될까》라는 책을 한 권 선물한 적 있습니다. 동기는 책 제목을 보자마자 자신과 같은 고민을 하는 사람이 있어 그나마 안심이 된다고 하더라고요. 그 말에 얇지도 두껍지도 않은 한 장의 겉표지에 눌러 쓴 제목의 힘을 다시 한번 느꼈죠.
그러고 보니 문득 긴장되기 시작합니다. 지금 글을 읽고 있는 여러분은 이 책의 제목을 어떻게 느낄지 말입니다.

비워둔 게 아니라 남겨둔 건데요

'딱 하루만 시간이 더 있었으면 진짜 잘할 수 있었는데….'

이 말 한 번 안 해본 직장인이 있을까요. 특히 뭔가를 기획하는 사람들은 늘 달고 사는 말이기도 합니다. 지금이야 좋은 기억들에 기대서 이렇게 글로 풀어내고 있지만 저라고 왜 불평불만이 없었을까요. 일을 하다 보면 투덜거릴 일이 정말 많거든요.

디자이너를 한 명만 더 붙여주면 좋겠다, 예산을 조금만 더 쥐어주면 좋겠다, 보고체계를 간결하게 해주면 좋겠다, 이 일에만 집중할 수 있도록 해주면 좋겠다, 리서치할 시간을 충분히 보장해줬으면 좋겠다, 레퍼런스가 될 만한 것들을 사전에 공유해주면 좋겠다, 이런 부분은 전문 대행사에 의뢰해서 진행하면 좋겠다 등등….

하다못해 나중에는 '차라리 나한테 전권을 주면 좋겠다'는 허무맹랑한 생각까지 하게 되죠.

그런데 돌이켜보면 좀 이상합니다. 늘 결과물이 좋았던 프로젝트는 소위 빡센 환경에서 나왔거든요. 시간에 쫓기듯 일하거나 풀어내야 할 과제가 여러 개일 때 혹은 다양한 사람들이 엮여 있어 누구 하나 내 편이 없는 것 같을 때 오히려 더 좋은 결과로 이어졌습니다. 물론 어려운 미션인 만큼 긴장감을 가지고 정신을 바짝 차렸기 때문일 수도 있습니다. 하지만 경험이 쌓이다 보니 조금 다른 관점이 생기더군요.

저는 제한된 환경에 놓였을 때 생각의 힘이 더 깊어진다고 믿습니다.

사실 이건 여러 연구 결과로도 증명된 사실인데요, 매일 유치원에서 색색의 크레파스를 가지고 놀던 아이들에게 딱 3가지 색으로만 그림을 그리라고 하면 평소보다 오히려 더 창의적인 그림을 그린다고 하죠.

또 사람들에게 '당신이 알고 있는 음식 종류는 몇 가지나 됩니까?'라고 물을 때보다 '당신이 내일 죽는다면 오늘 먹고 싶은 메뉴가 무엇인가요?'라고 물을 때 음식 정보에 대한 뇌의 처리 능력이 훨씬 배가된다고도 합니다. 천천히 걷는 사람보다 차를 타고 빨리 이동하는 사람이 지형지물을 더 잘 기억하는 것도, 글자 수에 제한을 뒀을 때 커뮤니케이션을 더 간결하고 효율적으로 하는 이유도 같은 맥락입니다.

일도 마찬가지죠. 원하는 것을 다 갖췄을 때보다(사실 이럴 확률은 거의 없습니다만…) 제한적인 장치들이 곳곳에 있을 때 우리는 훨씬 더 깊고 진하게 생각합니다. 여러 장애물을 피해 원하는 목적지에 도달해야 하는데 그 과정을 설계하고 다듬다 보면 전체적인 완성도가 쑥 올라가는 것이죠.

오리온, CJ, YG푸즈 등에서 수많은 식음료 브랜드를 히트시킨 노희영 대표의 첫 번째 히트작은 마켓오 리얼 브라우니라는 과자였습니다. 그런데 노희영 대표가 오리온에 들어갈 때부터 브라우니에 관심을 가진 것은 아니었어요. 최고의 베스트셀러 과자를 만들고 싶다는 호기로운 포부로 입사했으나 당시 초코파이나 포카칩 같은 메이저 과자를 만드는 생산 라인이 너무 바빠서 자신이 사용할 수 있는 것은 비스킷 공정 하나뿐이었다고 해요. 만들 수 있는 것은 비스킷뿐인데 다른 비스킷들과 차별화는 해야겠고, 그렇게 끊임없이 제한된 상황에 집중한 끝에 브라우니라는 답에 도달한 것입니다.

❙ 진득하고 쫀쫀하게

사람은 각자 좋아하는 커뮤니케이션 도구가 모두 다릅니다. 누군가는 영상, 누군가는 이미지, 누군가는 코드, 누군가는 소리, 누군가는 제스처로 소통하는 것을 좋아하죠. 저는 단연 '텍스트'가 가장 좋습니다. 왜냐고요? 바로 지극히 제한적인 도구이기 때문입니다.

시각적인 정보가 최대한 배제된 상태로 하얀 종이 위에 놓인 글씨들을 볼 때면 흡사 노이즈 캔슬링 기능을 갖춘 이어폰을 꼈을 때 느낌과도 같습니다. 다른 방해요소들이 차단되고 저 혼자의 힘으로 오롯이 생각할 수 있는 환경이 갖춰지는 것이 좋거든요.

저는 영화나 음악을 비롯한 모든 창작물을 사랑하지만 책이 열어주는 생각의 틈은 확실히 그 밀도가 다른 것 같습니다. 영화 속 이미지나 음악에서 흐르는 멜로디는 다른 생각을 잊고 그 콘텐츠 안에 몰입하게 만들지만, 책은 텍스트를 기반으로 스스로 모든 생각을 끌어가게 해주거든요. 마치 누군가 운전하는 차에 탄 것과 내가 직접 운전하는 것의 차이 같기도 합니다.

이런 이유 때문인지 책을 읽다 보면 생각을 정말 진득하게 할 수 있습니다.

'진득하다'라는 말을 사전에서 찾아보면 '잘 끊어지지 않는 눅진하고 차진 상태'라고 설명하고 있습니다. 다시 말해 책은 '생각을 찰지게' 할 수 있도록 도와주는 셈이죠. 반죽할 때처럼 밀가루와 물의 배분이 잘 이뤄져 공기 하나 들어올 틈 없는 밀도 있고 쫀쫀한 상태. 저는 머릿속이 그런 상태가 되는 것이 좋습니다.

다들 이런 경험 없으신가요? 회의에서 브레인스토밍을 할 때는 정말 분위기가 좋았는데 나중에 막상 기획서로 풀려니 막막할 때 말입니다. 분명 많은 아이디어가 나왔고 방향도 얼추 잡혔고 그 내용을 정리하기만 하면 될 것 같은데 이게 어디 말처럼 쉽나요.

대부분 이럴 때 표현력 부족이나 기획서를 쓰는 스킬을 탓하는 경우가 많은데 저는 다른 데 이유가 있다고 봐요. 생각이 잘 뭉쳐지지 않는 거죠. 생각도 근육이라 계속 연습과 훈련을 반복해서 그 탄성을 유지해줘야 하는데, 내 힘으로 진득하게 끝까지 생각을 완성한 경험이 없으면 여간 어렵지 않습니다. 서 말의 구슬을 '꿰는' 힘. 그 힘이 필요한 것이죠.

그래서 저는 기획 일이나 창의적인 업무를 하는 후배들을 만나면 꼭 '선명하게 상상하는 훈련'을 하라고 주문합니다. 어린 시절 과학의 달을 맞아 상상화를 그릴 때 필요한 그런 상상력이 아닌, 또렷하고 구체적이고 쫀쫀하게 상상하는 훈련 말이죠. 그리고 이왕이면 시각적 정보를 배제한 채 내 힘으로 상상할 수 있는 '책'을 매개체로 삼아보라고 합니다.

—

소설을 영화로 만든다고 생각하며 읽기

당연한 얘기지만 소설만큼 상상의 폭을 넓힐 수 있는 장르는 없습니다. 그리고 누구나 소설의 끝에 다다르면 이미 머릿속에 본인이 설정한 주인공과 그 주변 인물들, 작품 속 상황이 구체적으로 그려져 있습니다.

하지만 여기서 머물지 않고 조금만 더 재미있는 상상을 해보면 어떨까요. 저는 주로 '가상의 캐스팅'을 많이 활용합니다. 소설의 초반부를 읽고 나면 저 나름대로 알고 있는 배우들의 데이터베이스를 열심히 돌려서 최대한 적합한 인물로 캐스팅하는 거죠. 상상이니 뭐 어떤가요. 출연료 걱정할 필요 없고 스케줄 고민할 필요 없는 거죠. 실제로 책을 읽어가면서 여러 번 캐스팅을 바꾸기도 합니다. 그렇게 몰입해가면 읽는 재미도 훨씬 커지거든요.

더불어 영화로 만든다면 소설과 동명의 제목으로 할지 새로운 제목을 붙일지, 원작에 없던 복선을 넣거나 아예 결말을 다르게 하는 것은 어떨지, 등장인물을 추가하거나 혹은 의도적으로 삭제할지 등을 고민하는 것도 좋은 훈련이 됩니다.

실제로 기획 일을 하다 보면 페르소나를 잡게 되는 일이 많잖아요. 신제품 출시나 사용자 환경 분석을 할 때도 그렇고요. 그럴 때 이 훈련이 효과를 크게 발휘합니다. 특히 요즘은 '30대 여성으로 패션 업종에 종사하며 하루 소비지출은 얼마이고….' 하는 식의 단순한 페르소나 대신 마치 한 사람의 삶 자체를 설계하는 방식으로 페르소나를 잡습니다. 그러니 이런 연습이 되어 있으면 데이터를 기반으로 페르소나를 형성했을 때 훨씬 구체적이고 매력적인 설정이 가능합니다.

−

불친절한 문장과 마주하기

어려운 책을 읽으라는 말은 절대 아닙니다. 가끔 문장과 문장, 단어와 단어 사이에 많은 틈을 열어놓는 작가들이 있거든요. 친절하고 상세히 설명해주는 대신 독자가 직접 들어와 그 부분을 상상하며 채워 읽기를 바라는 것이죠.

저는 이런 스타일을 '츤데레 작가'라고 부르는데요, 마치 낯설고 투박한 문체가 깔린 비포장도로를 달리는 기분이지만 오히려 독자가 생각할 지점, 곱씹을 내용 등을 세밀하게 설계해놨다는 느낌을 받기 때문입니다.

대표적으로 김훈 선생님의 작품들을 들 수 있겠네요. 문장만 떼어놓고 보면 지극히 평범한 한 줄 같지만 힘으로 내려쓴 흔적들이 보이거든요. 앞뒤 문장과의 관계나 내용의 전개를 살펴보면 고심 끝에 선택한 단어들의 에너지가 뿜겨져 나오죠. 《칼의 노래》, 《현의 노래》, 《남한산성》 같은 역사 대하소설들도 그렇지만 《밥벌이의 지겨움》, 《라면을 끓이며》 등의 일상 산문집에서도 그 힘은 고스란히 드러납니다. 다정함과는 거리가 먼 것 같지만 그렇기 때문에 더욱 상상력을 자극하게 되는 것이죠. 마치 무뚝뚝한 사람을 보면 더 궁금증이 증폭되는 것처럼 말입니다.

—

목차 뜯어보기

목차 없는 책은 없습니다. 대부분 여러 개의 파트로 구성되어 있고 그 아래 소제목을 단 글들이 차례대로 구성을 이루고 있죠. 저는 책을 읽기 전 목차들을 꽤 열심히 보고 상상합니다.

특히 작가가 말하고자 하는 메시지가 분명한 책일수록 더 집중해서 보죠. 이 짧은 목차가 주는 책에 대한 기대감은 생각의 단초가 되거든요. 목차에서 느껴지는 메시지의 톤, 주제의식, 이야기를 풀고 매듭짓는 구성, 궁금증을 자아내는 몇 가지 포인트들, 유난히 먼저 읽어보고 싶은 부분까지. 글에 대한 소개를 글로 해놨으니 생각할 수 있는 요소가 정말 많은 거죠.

물론 개중에 목차를 참 형편없이 짠 책들도 여럿 만납니다. 정보 전달이 목적인 기능서가 아닌 다음에야 목차는 일종의 자기소개서와 같은 역할을 하는 법인데 정말 밋밋하고 매력 없이 적어놓은 목차들도 있거든요. 반대로 목차는 독특하고 거창한데 실제 읽다 보면 내용이 느슨하고 삐걱대는 책도 있습니다. 마치 '이 의자 이쁜데?' 하고 앉아봤더니 등은 배기고 수평은 안 맞고 실망투성이인 것처럼 말이죠.

제 지인 중에 책을 여러 권 낸 분도 늘 이런 말을 합니다.

"난 원고 쓰는 것보다 목차 구성하는 게 몇 배는 더 힘들어. 책 한 권이 꼭 사람 인생 같아서 말야. 내 인생의 이야기를 묶어 목차로 만드는 느낌이거든. 유년시절 이야기는 어느 정도로 할지, 이 에피소드는 글에 녹이는 게 나을지 타이틀로 빼는 게 좋을지, 이 사람을 만난 건 어느 파트에 넣어야 할지 등등…. 목차만 제대로 잡혀도 책 쓰기 절반은 끝난 느낌이라니까."

그러니 목차를 쉬이 넘기기에는 독자로서도 아쉬운 부분이 큽니다. 작가와 편집자가 열심히 머리를 맞대고 구성한 그 목차들의 기획의도를 거꾸로 상상하며 거슬러 올라가 보는 거죠. 그 시작점에 닿으려는 노력이 생각의 얼개를 더 구성지게 만드는 힘을 키워줄 테니까요.

개인적으로 책이 참 신기하다고 생각하는 포인트가 있습니다. 아시다시피 역사적으로 창작의 기술은 놀랍도록 발전해왔죠. 영화는 CG를 비롯한 촬영기법이 날이 갈수록 발전해서 이제는 사망한 배우도 다시 살려 출연시키는 수준입니다. 음악 역시 공연의 시대, 녹음의 시대, 전자악기의 시대, 미디의 시대를 거쳐 지금은 아이패드에서 손가락 몇 개만 움직여 나만의 음악을 만들 수 있고요.

그런데 책은 몇 천 년 동안 그 방식이 거의 똑같습니다. 입력기술과 출판하는 방식만 진화해갈 뿐 창작의 형태는 동일하죠.

이처럼 글을 쓰는 사람은 늘 글로써 모든 것을 해결합니다. 그리고 많은 것을 독자 스스로 생산하도록 만듭니다. 저는 그 매력이 사람을 끌어당기는 것 같아요. 작가가 상상으로 만든 세상에 독자는 또 다른 상상으로 접근하는 그 방식 말입니다. 그러니 수 세기 전의 문학작품이 오늘 또 누군가의 머릿속에서 새롭게 태어날 수 있는 거겠죠.

심리학에서는 사람의 상상 능력이 가장 좋을 때가 잠들기 직전과 샤워하는 동안이라고 설명합니다. 이 둘엔 공통점이 있죠. 바로 눈을 감은 채 시각적인 정보가 차단되어 있다는 것입니다. 볼 수 없는 상황에서 더 많은 것을 보게 되는 아이러니가 탄생하는 장면이죠.

이렇듯 우리를 자극하고 밀도 있게 만드는 순간은 늘 넘침의 순간이 아닌 부족함의 순간이라는 걸 기억하면 좋겠습니다. 솔직히 이건 저도 매번 반성하고 또 경계하는 부분이긴 해요. 잘하고 싶은 욕심이 앞서다 보면 연장 탓하는 목수가 되기도 하는 법이고, 실제로 목표 달성을 위한 도구와 환경을 마련하는 것 또한 매우 중요하니까요.

하지만 때로는 모든 것을 갖춰야 한다는 강박에 사로잡힌 것은 아닌지 스스로 돌아보는 자세가 요구되는 것 같습니다.

그래야 진짜 제대로 된 타이밍에 나에게 필요한 게 무엇인지
정확히 알 수 있거든요.

담당하던 브랜드를 리뉴얼하는 과제를 진행할 때였습니다. 디자인팀과
함께 홈페이지 시안을 최종 점검하던 중이었는데 문득 맨 상단에 비어
있는 부분이 눈에 띄더군요. 특별한 이유가 있는 건가 궁금해서 담당 디
자이너에게 물었습니다.

"여긴 왜 공백으로 두셨어요?"
"공백이 아니라 여백인데요…."
"네?"
"비워둔空 게 아니라 남겨둔餘 거라고요."

저는 아직도 이 대답을 잊지 못합니다. 그리고 늘 무엇인가 아쉬울 때면
스스로에게 물어보곤 하죠. 이건 비워둔 것인가 아니면 남겨둔 것인가
하고 말입니다.

정반합正反合의 논리라는 것이 있습니다.

헤겔의 변증법에서부터 출발한 이론인데, 테제These(정) 라고 불리는 명제나 주장이 있고, 이와 대립되는 안티테제 Antithese(반) 그리고 이 두 가지가 모두 배제되고 새로운 초월 적 상태인 진테제Synthese(합)의 관계를 설명하는 이론입니다.

쉽게 말해 기본이 되는 주장과 이와 반대되는 주장이 각각 있고, 이는 서로 모순적일 수밖에 없으므로 그중 버릴 것과 취 할 것을 선택해 '합'으로 나아간다는 개념입니다. 그리고 이 과정을 무수히 반복하다 보면 진리에 가까워진다는 게 바로 정반합이죠.

저는 책만큼이나 서로의 주장이 첨예한 분야도 많이 못 본 것 같습니다. 책에 관한 해석만 보더라도 그렇거든요. 수천 년이 지난 지금까지도 플라톤과 아리스토텔레스의 저서에 대한 해석이 엇갈리고 있고 이를 다시 세분화하면 또 셀 수 없이 많은 해석이 존재하니까요.

문학은 또 어떻고요. 가끔은 작가가 정말 저런 의도를 가지고 쓴 걸까, 아니면 해몽하는 우리가 작가를 넘어서 새로운 세계관을 만들고 있는 걸까 싶은 생각도 듭니다.

그런데 책을 읽는 방법과 책을 대하는 태도에 관해서도 정말 다양한 의견이 존재합니다. 책을 좀 좋아한다는 사람은 다 저마다의 방식과 스타일이 있거든요. 그래서 저도 다른 사람의 책 읽는 방법에 대해 호기심이 많은 편입니다.

한 가지 안타까운 건 간혹 자신의 스타일을 주장으로 정립하고, 그것도 모자라 참인 명제로 탈바꿈시키려는 사람들이 보인다는 거예요. 가뜩이나 자꾸 뭔가를 강요하는 사회 분위기가 불편한 마당에, '책 잘 읽는 방법 딱 이 3가지만 기억하시면 됩니다' 같은 유튜브 썸네일을 볼 때면 마음에 뾰루지가 생기곤 합니다. '반대를 위한 반대'보다 무서운 건 '반대를 허용하지 않는 분위기'이니까요.

그래서 이번에는 흔히 말하는 책에 관한 습관과 생각 중에서 그와 반대되는 제 '안티테제'들을 이야기해볼까 합니다. 물론 이 또한 저만의 방식이자 스타일로 말이죠. 그러니 이 글을 읽는 여러분은 버릴 것은 버리고 취할 것은 취해서 여러분만의 '합'을 만들면 되는 겁니다.

그럼 그 합은 다시 정이 되고, 때로는 반을 만나서 다시 합이 되는 과정을 되풀이할 거고요. 그게 정반합 이론의 매력이고 제가 정반합을 좋아하는 이유이기도 합니다.

T(정): 밑줄을 긋는다
A(반): 더 이상 밑줄을 긋지 않기로 했다

여러분은 인생에서 가장 많이 반복해 읽은 책이 무엇인가요? 아마 누군가에겐 교과서나 전공서적일 수도 있고 다른 누군가에겐 성경 책일 수도 있겠죠.

저는 《드래곤볼》입니다. 만화책이죠. 만화 분야는 고수가 워낙 많아서 함부로 명함을 내밀면 안 되지만 《드래곤볼》만큼은 저도 꽤 깊은 애정이 있는 편입니다. 정확히 세어보지는 않았지만 42권짜리 오리지널 전집을 어림잡아 100번 정도 반복해서 본 것 같아요. 한 권 당 30분을 잡아도 전권을 읽는 데는 하루 가까이 걸리는 시간입니다. 그러니 적어도 제 인생의 100일은 《드래곤볼》에 바쳤다고 봐야 하는 셈이죠. 이쯤 되니 대사를 외우는 것은 물론이고 대충 눈대중으로 펼쳐도 원하는 장면을 찾아낼 수 있는 경지에 이르렀죠.

그런데 참 신기한 것이 이 만화는 봐도 봐도 새롭게 다가오는 부분들이 있습니다. 족히 수십 번은 마주했을 장면인데 자세히 못 봤던 배경들이 새로 눈에 띄기도 하고 이전에 읽었던 대사가 전혀 다른 뉘앙스로 느껴질 때도 있거든요. 그뿐이 아닙니다. 반복해서 읽다 보면 제 기억 속에 왜곡되어 저장된 부분들도 상당했다는 걸 알 수 있죠. 하마터면 이 걸작의 명장면들을 잘못 이해한 채 지나칠 뻔했구나 생각하면 아찔하기까지 합니다.

그림으로 가득한 만화를 볼 때도 이 정도인데, 글로만 된 책은 어떨까요?

사실 이건 설명보다 직접 경험해보는 걸 더 추천하는데요, 혹시 꽤 재미있게 읽었다고 기억하는 책이 있다면 지금 책장에서 꺼내 다시 한번 읽어보시길 바랍니다. 그럼 단번에 아실 거예요. 전혀 다른 느낌으로 다가오는 구절이 한두 군데가 아니라는 걸요.

더 흥미로운 것은 간혹 엉뚱한 부분들에 무작위로 밑줄을 쳐놓은 경우도 적지 않다는 것입니다. 읽는 데 집중하려고 그랬던 건지 그 순간 어떤 문장에 꽂혀서 그랬던 것인지는 잘 모르겠어요. 물론 이유가 어찌 되었건 그 또한 내가 책을 읽는 과정 중 하나였기 때문에 소중한 기록과 흔적으로 남겨둘 수 있습니다.

하지만 저는 조금 다른 방법을 써보기로 했습니다. 책에 아무런 흔적도 남기지 않는 것이죠. 제가 이런 방법을 택한 이유는 크게 두 가지입니다.

첫 번째는 책의 중요한 대목이나 수집하고 싶은 문장을 컴퓨터에 저장하는 습관 때문입니다.

그래서 저는 책을 읽을 때 주로 노트북이나 태블릿 PC를 곁에 두고 읽습니다. 마음에 드는 구절이나 단어가 나오면 잠시 책 읽는 것을 멈추고 열심히 타이핑을 해 옮겨 놓습니다. 좋은 아이디어나 제 나름의 생각이 떠오르면 같이 메모해서 저장해두기도 하죠. 지하철 같은 공공장소에서 짬을 내 읽어야 할 땐 아예 그 페이지를 사진으로 찍어 보관해 놓습니다.

귀찮지 않냐고요? 네 귀찮습니다. 책 한 권 읽는 데 시간도 꽤 듭니다.

그뿐인가요. 비행기처럼 좁은 공간에서 노트북과 책을 함께 펴놓고 있을 때면 '꼭 돈 많이 벌어서 비즈니스 타야지'라는 생각이 절로 납니다.

하지만 그 귀찮고 더딘 일을 참 즐겁게 하고 있습니다. 이렇게 정리해두면 언제 어디서든 나만의 방식으로 요약된 책 한 권을 다시 꺼내볼 수 있기 때문이죠. 요즘은 검색 기능도 잘되어 있으니 필요할 때는 키워드 하나만 입력해도 여러 책에서 좋은 소스들을 발췌해낼 수 있습니다. 노력 대비 꽤 쏠쏠한 수확임에 틀림없죠.

또 다른 이유는, 다시 읽을 때의 즐거움 때문입니다.

저는 인상 깊게 읽었던 책을 꼭 반복해서 읽어보거든요. 너무 마음에 드는 책은 연달아 두 번씩 읽기도 하고 한동안 시간이 흘러 감흥이 잦아들면 그때 다시 꺼내보기도 합니다. 이미 익숙한 내용이고 대략의 흐름을 기억하고 있는 터라 친근하게 읽어내려갈 수 있고, 처음보다 시간도 덜 걸려 마음 또한 한결 가볍죠.

무엇보다 두 번째 읽을 때가 훨씬 재미있는 것 같아요. 왜 음식도 처음 끓였을 때보다 한 번 더 데웠을 때 깊은 맛과 감칠맛이 배가되는 것들이 있잖아요. 저는 책에도 그런 부류가 있다고 생각합니다.

하지만 반드시(정말 반드시) 새로 눈에 띄는 문장과 단어들이 그물망에 걸리기 마련입니다. 이전과는 다른 느낌으로 다가오는 내용도 제법 많고요. 그럴 때 저는 이전에 정리해둔 컴퓨터 파일에 덧붙여 메모해둡니다.

가끔은 처음 읽었을 때 이미 중요하다고 기록해둔 문장을 완전히 까먹은 채 다시 메모해둔 경우도 있어요. 그럼 가차 없이 폰트 크기를 확 키워서 강조해두죠. 저에게 정말 정말 필요한 문장일 테니까요.

T(정): 원하는 책을 산다
A(반): 사 모은 책 중에 원하는 것을 읽는다

이 주장에 힘을 실어준 두 분이 있습니다.

한 명은 "자고로 책은 사둔 것 중에 읽는 것이다"라는 명언을 남긴 김영하 작가입니다. 이 말은 저로 하여금 책을 구입할 때의 부담감을 반 이상 줄여주었죠. 꼭 읽을 책을 사야 한다는 생각 대신 그냥 관심 가는 책을 사둔다는 마음을 가지면 책을 고르는 기준도 훨씬 넓고 다양해지는 법이거든요.

혹시 직접 돈을 주고 구입한 책 중에 정말 엉뚱하거나 특이한 책이 있었나요? 저는 있습니다.

6년 전쯤일까요. 서점을 배회하다가 《간판의 웃음 간판의 눈물》이라는 책을 한 권 산 적 있습니다. 왜인지는 모르겠어요. 그냥 재미있어 보여서 샀습니다. 그리고는 책장에 고이 모셔두었죠.

그 책을 다시 만난 건 제법 시간이 흐른 뒤 레트로 열풍이 살랑살랑 불어오려고 할 때쯤이었습니다. 을지로부터 성수동까지 한창 옛 감성의 간판들이 주목받던 시기였거든요. '참, 내 책장에 이런 책도 있었구나' 하고서는 꺼내 들었습니다.

그런데 책을 편 순간 제 예상과 전혀 다른 전개에 깜짝 놀랐어요. 딱히 간판의 역사나 형태 같은 대략적인 설명도 없이 그냥 우리 주위에 흔히 볼 수 있는 모든 간판의 쌩얼들만 보여주는 책이었거든요. 심지어 간판의 의미를 해석해주거나 촬영된 장소를 친절히 설명해주지도 않습니다. 책 제목과 내용에 큰 연결고리나 맥락이 있지도 않고요.

묘한 것은 또 그게 적당한 매력으로 다가온다는 점입니다. 뭐랄까요. 어디 무뚝뚝한 주인장이 운영하는 식당에서 특별

할 것 없는 불고기 백반 한 상을 먹은 느낌이라면 이해가 되시려나요.

그런데 저는 지금까지 이 책을 읽었다는 사람을 단 한 명도 만난 적이 없습니다. 심지어 인터넷에서 누군가 후기를 쓴 것도 본 적이 없어요. 그러니 그때 뭔가에 홀린 듯 집어 들지 않았다면 저는 평생 그 책과 마주할 일이 없었을지도 모릅니다.

여기서 '선 구매 후 독서' 지론에 불을 지펴준 사람이 한 명 더 등장합니다. 바로 저희 어머니죠. 어머니께서는 가끔 한 번에 스무 권 이상씩 책을 구매하십니다. 장르도 다양하고 고서와 최신작을 넘나드는 스펙트럼도 넓어서 이걸 정말 다 읽으시는 걸까 매번 궁금했습니다. 그때 어머니께서 말씀하셨죠.

"언젠가는 읽고, 누군가는 읽는다."

농담 반 진담 반으로 하신 말씀이지만, 적어도 지금 제게는 진담이 된 이야기입니다. 책이란 게 그렇더라고요. 지금 당장 손에 잘 잡히지 않아도 언젠가 나와 맞는 타이밍이 찾아올 때가 있습니다. 거짓말처럼 그 책에 관심이 가고 또 거짓말처럼 술술 읽히는 그런 날이 있거든요.

그리고 꼭 내가 아니어도 누군가에게 그 기회를 넘겨주는 때도 오는 법입니다.

아까 말한 《간판의 웃음 간판의 눈물》이란 책이 '또' 그랬습니다. 그래픽디자이너로 일하는 친한 동생이 집에 놀러 온 적이 있었는데 제 책장을 보더니 그 책에 꽂히고 만 거죠. 당시 회사에서 새로운 전용 서체를 개발하는 업무를 맡았는데, 그렇지 않아도 이런 다양한 간판의 서체들을 살펴보던 중이었다고 하더군요. 금방 읽고 돌려주겠다는 동생에게 손사래를 쳤습니다. 이 책은 새 주인을 찾을 운명이었던 것 같다고 나름 멋진 이유까지 붙여 선물했죠.

전 책을 무척 좋아하고 아끼지만 또 흔쾌히 누군가에게 주기도 합니다. 새 책을 사서 선물하는 것도 의미 있지만 누군가 제 책장을 보고 좋은 책을 발견했을 때는 또 다른 희열을 느끼거든요. 그러니 언젠가는 읽고, 누군가는 읽을 책을 한 권씩 사 모으는 건 책장의 주인으로서 행하는 작은 의무이자 도리라는 생각입니다. 내가 가진 것으로 다른 사람의 무엇을 채울 수 있다는 건 일상의 축복과도 같으니까요.

T(정): 그거 다 상술이야

A(반): 상술은 다 나쁜 건가요?

브랜딩에는 여러 요소가 있지만 디자인을 떼어놓고서는 상상할 수 없습니다. 비록 저에게 그리고 만드는 재주는 없더라도 '디자인된' 무엇인가에 유독 흥미가 많은 이유도 이 때문인가 봅니다.

저는 책 표지에 혹해서 책을 사기도 하고 이따금씩 책을 감싸고 있는 띠지가 맘에 들어 그 책을 고르기도 합니다. 개정판이 나오며 표지 디자인이 바뀌면 이미 가지고 있던 책이라도 다시 살 때도 많고요. 책의 얼굴이 바뀌면 첫 장을 여는 기분도 달라지기 때문입니다.

얼마 전에는 어린 시절 제 우상 중 한 명이었던 마이클 조던의 전기를 샀는데요, 전성기 시절 조던의 유니폼으로 디자인한 커버가 너무 마음에 들어서였습니다. 이보다 더 완벽하게 조던의 일대기를 설명할 수 있을까 싶은 표지였죠. (참고로 이 책의 커버 디자인은 국가마다 다 다른데요. 감히 한국판 디자인이 세계 최고라 자부할 수 있습니다.)

당연히 반론도 있을 겁니다. 가끔 제가 봐도 과하다(?) 싶을 정도로 디자인에 힘을 준 책들이 보이거든요. 분량을 늘리기 위해 내지의 레이아웃을 불필요할 만큼 넓게 잡기도 하고 꼭 누군가의 책과 비슷하게 보이려고 유사한 디자인과 제목을 차용한 표지도 눈에 띕니다. 군이 하드커버로 제작할 필요가 있었을까, 본문이 나오기까지 이렇게 많은 인트로 지면이 필요했을까 싶은 책도 있습니다.

하지만 저는 표지 역시 하나의 언어라고 생각합니다. 텍스트의 비중이 압도적인 책의 속성 중에서, 독자에게 시각적으로 말을 걸 수 있는 유일한 부분은 표지뿐이라고 해도 과언이 아니거든요. 책을 쓴 작가와 책을 엮어내는 출판사에서 독자들에게 어떤 첫인상을 전달하고 싶었는지를 상상하는 것 또한 재미있습니다. 시대에 맞게 변하는 표지의 유행을 따라가는 건 일종의 살아 있는 역사체험 같기도 하고요.

물론 상술이고 마케팅이기도 합니다. 그런데 저는 이 상술이라는 게 꼭 나쁜 의미만 있다고 보지는 않아요. 풀어서 해석하면 '팔리게 하는 기술'쯤 되는 것 같은데 이게 보통 어려운 기술이 아니잖아요. 오히려 사람들에게 무언가를 팔고자 하면서 공을 들이지 않고 만만하게 접근하는 게 더 큰 문제라고 생각합니다. 소비자들은 절대 바보가 아니거든요. 충동구매를 할지언정 본인의 마음을 흔들어놓은 무엇인가가 반드시 있기 마련입니다. 그러니 같은 제품이나 서비스라 할지라도 구매하는 사람은 각자의 이유가 있는 것이죠.

책의 본질을 '내용'이라고 생각하는 사람도 있겠지만, 저는 책의 본질은 '읽는 경험'이라고 봅니다. 책이란 결국 읽히기 위해 쓰였고, 역사적으로도 더 많이, 더 오래, 더 잘 읽는 방향으로 발전해왔으니까요. 그 과정에서 읽는 경험을 더 좋게 만들고자 하는 모든 시도들을 저는 존중하고 사랑합니다.

예전에 오스트리아로 여행을 갔을 때인데요, 빈에서 잘츠부르크로 가기 위해 중앙역에서 기차를 기다리던 중이었습니다. 플랫폼 근처에 작은 잡화점이 보여서 구경이라도 할 겸 들어갔죠. 그런데 책을 진열해놓은 곳을 보는 순간 쨍하고 기분이 좋아졌습니다. 바로 기차의 목적지별로 책을 큐레이션해놓은 덕분이었죠.

"빈 중앙역에서 잘츠부르크까지는 2시간 20분이 걸립니다. 이 책들은 그 시간 동안 또 다른 여행을 선물해줄 거예요."
이런 문구가 쓰인 진열대에서는 잘츠부르크, 린츠, 부다페

스트 등 각 도시와 그곳까지의 소요시간에 따른 책을 추천하고 있었습니다. 여정이 길어질수록 책도 함께 두꺼워지는 게 재미있었고 목적지의 분위기에 걸맞게 책이 잘 분류되어 있는 것도 인상적이었습니다. 저뿐만 아니라 그곳을 방문한 다른 사람들도 다 큰 관심을 보이는 것 같더라고요.

이리저리 둘러보다 어렵지 않게 책 한 권을 집어 들었습니다. 한국에서도 인기가 많은 작가인 엘리자베스 스트라우트의《내 이름은 루시 바턴》이라는 영문판 소설이었죠. 가벼운 분량과 담백한 문체는 정말 2시간 남짓한 이동거리에 꼭 알맞았습니다. 덕분에 잘츠부르크로 가는 기차 안에서 인생의 의미와 정체성을 찾아가는 한 여성 소설가의 이야기와 동행할 수 있었어요. 지금도 그 기억과 분위기가 제게 고스란히 남아 있음은 물론이고요.

아마 그 잡화점 주인이 평범하게 책을 진열해놓고 있었다면 저는 물과 초코바 하나만 사서 기차에 올라탔을지도 모릅니다. 그럼 창밖 너머로 지나가는 풍경 속에서 루시 바턴이라는 여자의 과거를 들여다보는 경험도 하지 못했겠죠.

한편으론 이 또한 상술이라고 볼 수 있을지 모르겠지만, 이런 상술이라면 저는 두 팔 벌려 환영입니다. 단돈 8유로에 잊지 못할 기억을 살 수 있었으니 제겐 아름다운 소비였음이 틀림없거든요.

그러니 어떤 이유로 책을 샀든 또는 어떤 이유로 그 책을 다 읽지 못했든 너무 심각할 필요는 없는 것 같아요. 하다못해 서점에서 주는 굿즈에 혹해 책을 사놓고는 첫 페이지도 열어보지 않았다고 해서 그게 죄책감 가질 일은 아닌 거죠. 〈킨포크〉나 〈모노클Monocle〉 같은 잡지를 인테리어 용도로 샀다고 해서, 내가 팔로잉 하는 인플루언서가 추천하는 바람에 나도 모르게 구매 버튼을 눌렀다고 해서 뭔가 큰일이 나지는 않습니다.

아니 어쩌면 그런 과정이 있어야 책을 보는 눈이 생기는 것 같아요. 왜 이 책은 읽기도 전에 SNS에 먼저 자랑부터 하고 싶었는지, 왜 저 책은 필요한 부분만 읽고서 중고서점에 팔아도 미련이 없었는지, 자신에게 물어보는 과정이 다음 책을 선택할 우리를 더 단단하게 해주는 것이 아닐까 싶습니다.

아, 그리고 우리에겐 아주 근사하고 멋진 변명(?)이 늘 함께해주기도 하고요.

'이 또한 좋은 경험이었다.'

대학 시절 철학 수업을 들을 때였습니다. 독일어 논문을 번역해놓은 자료에서 이런 글을 보고 크게 공감한 기억이 있어요.

"'정'만 주장하고 '반'을 인정하지 않는 사람은 한 걸음도 나아가지 못한다. 완벽한 '합'에 대한 환상을 가진 사람 역시 정작 합에 도달하지 못한다. 그 때문에 정반합은 가장 현실적인 철학 이론이며 인간 본성에 가장 부합하는 이론이기도 하다."

문득 책을 대하는 저의 태도와 방식은 여러분에게 테제일지 아니면 안티테제일지 궁금하네요. 하지만 뭐 어떤가요. 이 과정을 통해서 취할 것은 취하고 버릴 것은 버려서 여러분만의 '진테제'를 찾는 게 제일 중요한 거죠. 물론… 저도 사람이니 취할 게 쪼끔 더 많았으면 하는 소박한 바람은 있습니다.

여행은 늘 설레는 일입니다.

떠나기 전에는 기대와 궁금함이, 도착해서는 들뜸과 낯설음이 그리고 여행이 끝난 뒤에는 기약과 아득함이 저마다 다른 이유로 우리를 설레게 하니까요.

저는 대자연도 좋아하지만 도시를 여행하는 것도 무척 좋아합니다. 아마도 그 이유는 사람과 이야기가 넘쳐나기 때문이 아닐까 싶네요. 자연을 품은 여행지가 웅장했던 풍경들로 기억된다면 도시는 우연한 만남과 에피소드들로 기억되는 것 같습니다.

파리. 참 낭만적인 도시죠. 저도 직접 가보기 전까지는 가장 판타지가 컸던 여행지 중 하나였습니다. 파리에서 해보고 싶은 위시 리스트도 많았고요. 에펠탑은 꼭 야경으로 먼저 만나고 싶었고, 아침에는 노천카페에서 따뜻한 커피와 크루아상을 맛보고 싶었습니다. 오후엔 퐁피두 센터에서 시간을 보내다 저녁에는 파리 생제르맹의 축구 경기를 직접 관람하며 하루를 마무리하고 싶었죠. 도시 어디를 가든 영화 〈미드나잇 인 파리〉의 주제가인 'Si Tu Vois Ma Mere'가 흘러나올 것 같은 환상에도 젖곤 했습니다.

하지만 직접 파리를 다녀온 후 제게 그곳은 조금 다른 의미로 남아 있습니다. 바로 '책의 도시'죠.

프랑스 사람들이 책에 대한 애정이 각별하다는 것은 익히 알고 있었지만 실제로 파리에서 마주한 경험들은 제 예상을 훨씬 뛰어넘었습니다. 이들에게 책이란 숨 쉬거나 걷거나 먹는 행위처럼 당연하고 자연스러운 것이자, 삶을 살아가는 중요한 이유 중 하나라는 걸 매 순간 느낄 수 있었거든요.

또한 적어도 제가 만난 대다수의 사람이 책에 대한 자신만의 철학을 가지고 있었고 이를 표현하는 데 거리낌이 없었습니다. 파리에 도착하기 전 가진 환상과 실제 비슷한 곳도 있었고 전혀 다른 곳도 있었지만, 그 모든 곳에 책이 있다는 사실

이 저를 새로운 판타지로 이끈 것이죠. 그래서 이번 글에서는 파리를 책의 도시로 기억하게 해준 프랑스 사람들의 이야기를 소개하고자 합니다.

▎ 책을 읽지 못하는 게 더 위험하다고 생각할 거예요

사실 파리를 방문한 건 여행이 아닌 출장길이었습니다. 당시 제가 담당하고 있던 서비스가 파리 국제 도서전에 참여할 기회를 얻었기 때문이었죠. 프랑스에서도 손꼽히는 큰 행사에 주빈국 자격으로 참가하는 거라 거의 1년여 전부터 차근차근 기획을 준비했습니다. 책을 좋아하는 사람으로서 책과 관련된 행사를 기획한다는 것은 또 다른 의미였거든요. 신나고 들떴죠. 정말 잘하고 싶었고요.

그렇게 D-day를 앞두고 있던 어느 날 뉴스를 통해 파리에서 최악의 테러 사태가 터졌다는 소식을 들었습니다. 우리 모두가 아는 2015년 11월, 파리 도심 테러였죠. 그 때문에 파리 공항에 도착하자마자 기관총으로 무장한 특공대와 마주쳐야 했고, 도시 전체가 슬픔에 빠져 있다는 것 역시 실감할 수 있었습니다.

비극적인 사건도 충격이었지만 솔직히 개인적으로는 행사가 제대로 진행되지 못할까 봐 걱정이 앞섰습니다. 테러 사태 이후 파리에서 열리는 가장 큰 규모의 국제행사였거든요. 담당자로서 안전 문제만큼이나 행사의 흥행을 신경 쓰지 않을 수 없으니, 오픈 당일 아침까지도 마음을 놓지 못해 안절부절했죠.

그때 저희 부스에서 프랑스어 통역을 담당하던 유학생 친구가 제게로 다가와 말했습니다.

"걱정 마세요. 아직 프랑스 사람들이 얼마나 책을 사랑하는지 모르셔서 그래요. 아마 이 사람들은 책을 보지 못하는 게 테러보다 더 위험하다고 생각할 걸요?"

불안한 마음을 안심시키려는 멘트치고는 꽤 낭만적이라고 생각했습니다. 아직 테러범 일부가 여전히 파리 시내에 있다는 뉴스가 연신 보도되고 있는 와중에 그게 정말 가능할까 싶었죠.

그런데 의심이 확신으로 바뀌기까지는 오래 걸리지 않더라고요. 행사가 시작되는 오전 9시부터 사람들이 쏟아져 들어오기 시작하더니 약 4일간의 일정 동안 10만 명이 넘는 사람들이 다녀갔습니다. 도서전 기간 내내 매일 행사장을 방문하는 사람도 쉽게 찾을 수 있었고 일부 학교는 아예 휴교를 한 채 학생들을 모두 도서전에 참석하도록 했죠.

기획한 행사가 안전하게, 성공적으로 진행되니 더할 것 없이 기뻤지만 한편으로는 쉽게 이해되지 않기도 했습니다. 솔직한 심정으로는 '책이 뭐라고 대체 이 정도까지?' 싶었죠. 결국 궁금함을 참지 못했습니다. 행사 마지막 날 파리의 한 지역 신문과의 인터뷰를 마친 후 기자에게 용기를 내 질문했죠. 이런 분위기에서 행사가 취소되기는커녕 흥행하는 것이 가능하냐고 말입니다. 그러자 기자가 답하더군요.

"비겁한 폭력에 대응하는 유일한 방법은 그들이 우리의 일상을 파괴할 수 없다는 걸 보여주는 거예요. 그러기 위해서는 늘 하던 것을 평소와 똑같이 하면 되는 거죠. 보세요. 파리 사람들은 그렇게 하고 있어요. 평소처럼 책을 찾고, 읽고, 사랑하고 있잖아요."

▎인간이 물을 찾는 이유와 같지 않을까요?

사실 출장 기간에는 개인적인 시간이 거의 없습니다. 하루 일을 마치자마자 그다음 날의 스케줄을 준비해야 하기 때문에 평소보다 오히려 더 타이트한 일정으로 살게 되죠. 그런데 하루는 저녁을 앞두고 생각지 못한 자유 시간이 주어졌습니다. 3시간 남짓한 이 시간 동안 뭘 할까 고민하던 중 꼭 가보고 싶었던 센 강이 떠올랐습니다. 파리의 상징과도 같은 곳이지만 사실 제가 그곳을 가보고 싶었던 이유는 따로 있었죠.

'부키니스트Bouquinistes.'

센 강 왼편의 퐁마리 지역을 따라 루브르 박물관 근처까지 길게 늘어서 있는 고서적 판매상들을 가리켜 '부키니스트'라고 부릅니다. 특유의 초록색 철제 노점들이 일렬로 늘어선 모습은 파리 그 자체라고 해도 과언이 아니죠. 겉보기엔 그저 중고책과 엽서를 판매하는 여느 상점과 다를 바가 없어 보이지만 놀랍게도 부키니스트의 역사는 16세기까지 거슬러 올라갑니다.

1539년 프랑수아 1세가 인쇄조합을 폐지하고 개인이 책을 제작, 판매할 수 있도록 허용하면서 수많은 책 판매상들이 생겨났는데, 그게 이 부키니스트의 시초입니다. 그 뒤 절대왕정 아래에서 여러 차례 탄압을 받기도 하고 제2차 세계대전 당시에는 나치를 피해 정보를 나르는 통로의 역할도 해가며, 살아 있는 역사로서 존재해온 것이죠. 지금은 센 강을 따라 약 3킬로미터가 넘는 곳에 900여 개의 부키니스트가 자리하고 있고 이들 모두 유네스코 세계문화유산으로 등재되어 있습니다. (출처: 문화체육관광부 해외문화홍보원 공식 자료)

해가 넘어가는 늦은 오후가 되자 대부분의 부키니스트들이 영업을 시작하더군요. 노을과 강과 책이라니. 파리의 공기를 한 움큼 집어 담아올 수 있다면 바로 지금 순간을 택하고 싶을 정도였습니다. 비록 매대에 진열된 책이 거의 다 프랑스어 서적이라 내용을 알 수는 없었지만 그 공간을 느끼는 것만으로도 신이 났습니다. 그리고 많은 부키니스트들이 마치 바텐더처럼 친절하고 능숙하게 대화를 건네는 덕분에 지루할 틈이 없었죠.

그중 나이가 지긋해 보이는 한 부키니스트 할머니와 이야기를 나누게 되었는데 대화를 하던 중 문득 궁금한 점이 생기더군요. 왜 하필 강을 따라 이런 공간이 생겨났을까 하는 것이었죠. 사람이 많아서? 도시의 한가운데에 있어서? 잘은 몰라도 강 옆은 습기도 많고 바람도 많이 불어 책 장사를 하기엔 쉽지 않은 장소일 텐데 왜 센 강 주변에 이리도 긴 부키니스트가 자리했는지 의아했습니다. 그리고 별생각 없이 던진 질문에 주인 할머니는 잊을 수 없는 대답을 건넸죠.

"세상 어느 곳을 가든지 강에는 늘 사람들이 모여드는 법이죠. 바로 생명력 때문이에요. 물이 주는 생명력을 따라 사람들이 모이는 거죠. 책도 마찬가지예요. 책에도 생명력이 있거든요. 오랜 시간 동안 사람들을 살아 숨 쉬게 해주었고, 앞으로도 그럴 테죠. 센 강에 부키니스트가 있는 건 어쩌면 필연적인 건지도 몰라요. 인간이 책을 찾는 이유는 물을 찾는 이유와 같거든요."

▌기쁘면 기쁜 대로, 슬프면 슬픈 대로 책을 읽죠

마지막 일정은 파리 소르본 대학에 있는 학생들과의 간담회였습니다. 당시 저희 회사가 콘텐츠와 엔터테인먼트 분야의 유럽 진출을 모색하고 있던 터라, 현지 학생들을 만나 그들의 라이프스타일과 생각을 들어보기로 했거든요. 이를 위해 미리 질문 리스트를 준비하고 참여를 희망한 학생들의 신상 정보(?)도 열심히 공부했습니다. 때로는 지역 통계학적인 자료들보다 이런 그룹 인터뷰에서 훨씬 많은 인사이트를 얻을 수 있으니까요.

웬지 파리의 대학생이라고 하면 몇 가지 이미지가 떠오르지 않나요? 나폴레옹 시대부터 이어져오는 논술형 대학 시험 '바칼로레아'도 떠오르고, 혁명의 도시에 사는 만큼 정의롭지 못한 것에 대한 저항의식도 클 것 같고, 한편으로는 프랑스 영화에 나오는 주인공들처럼 조금은 차갑지만 자의식이 강한 캐릭터도 연상됩니다.

그런데 실제 만난 대학생들은 참 영락없는 대학생들이더군요. 미국의 힙합 음악을 좋아하고, 주말에는 축구 경기에 빠져살거나 친구들과 공연장에 가고, 메신저에서 무료 이모티콘을 받기 위해 갖가지 이벤트를 사냥하는 현실판 청춘들이었던 거죠. 덕분에 머릿속에 가득했던 선입견을 지운 채 편하고 다양한 이야기를 할 수 있었습니다.

그렇게 화기애애한 분위기가 흐를 무렵, 영화를 전공하는 한 학생이 불쑥 질문을 던졌습니다. 바로 한국의 소설에 관한 것이었죠. 자신을 이승우 작가님의 팬으로 소개한 그녀는 《생의 이면》, 《식물들의 사생활》, 《욕조가 놓인 방》 같은 작품들을 인상 깊게 읽었다고 했습니다. 정말이지 깜짝 놀랐습니다. 해외에서 조명받은 것은 알고 있었지만 정작 한국에서도 조금은 마니악하게 분류되는 이승우 작가님을 안다는 게 여간 신기한 게 아니었으니까요.

"정말 묘한 작품들이에요. 무거운 주제지만 아주 섬세한 묘사로 그 주제에 다가가죠. 슬프고 비참한데 또 아름다운 부분도 있어요. 기회가 있다면 그의 소설들을 영화로 만들어보고 싶을 정도예요. 한국에서 이승우 선생님에 대한 평가는 어떤가요? 제가 이해한 것과 같나요?"

통역사는 작품명을 검색해가며 통역하느라 진땀을 뺐고, 간담회에 참석한 우리도 날카로운 질문에 당황하지 않을 수 없었죠. 다행히도(?) 이승우 선생님의 몇 작품을 인상 깊게 읽은 데다 때마침 요 근래 동인문학상 수상 소식을 기사로 접한 것이 생각나서 이를 토대로 최대한 대답을 이어갔습니다. (사실 가물가물했던 내용을 되새김질하느라 엄청 고생했던 기억이 나네요.)

그런데 더 놀라운 것은 그다음이었습니다. 책 이야기로 자연스럽게 전환되자 간담회에 참석한 학생들의 눈빛이 모두 달라지더라고요. 조금 전까지 깔깔대며 장난치던 모습은 온데간데없고 마치 진지한 토론의 장이 펼쳐진 느낌이었습니다.

한 학생은 최근 파리의 어느 독립극장에서 홍상수 감독님의 〈지금은 맞고 그때는 틀리다〉를 인상 깊게 봤는데 그 분위기와 비슷한 한국문학을 찾고 있다고 했고, 또 다른 학생은 프랑스 4대 문학상이 왜 오늘날의 가치관과 점점 멀어져 가는지를 조목조목 설명하며 질타하기도 했죠. 지금 읽고 있는 책을 가방에서 꺼내 소개하는 학생부터 자신이 쓴 단편소설을 볼 수 있는 웹사이트를 알려주는 학생도 있었습니다.

더욱 신기한 건 그런 대화가 그저 일방적으로 자신의 지식을 드러내기 위한 것이 아니라는 데 있었어요. 오히려 완벽하게 서로를 존중하며 각자의 생각을 풀어놓는 데 감탄할 수밖에 없었죠. 한편으로는 언제 어디서나 책에 관해 자유롭게 이야기할 수 있는 그 분위기가 무척 부럽기까지 했습니다.

그 모습이 인상 깊었던 건 비단 저뿐만은 아니었나 봅니다. 함께 간담회에 참석한 센터장님께서 학생들을 향해 조심스럽게 질문을 하시더군요.

"이번 출장을 와서 프랑스 사람들이 얼마나 책을 좋아하는지 확실하게 느끼고 가는 것 같아요. 대체 어떻게 하면 온 도시와 나라가 이렇게 책을 사랑할 수 있는 거죠?"

그러자 한 학생이 대답했습니다.

"오히려 간단한 질문이네요. 저흰 책 읽는 걸 특별하게 생각하지 않아요. 그저 아주 친근하고 자연스러운 일이죠. 언제 어디서나 읽고, 기쁘면 기쁜 대로 슬프면 슬픈 대로 또 책을 읽어요. 책을 읽으라고 강요하는 사람도 없고요. 대신 주위를 둘러보면 늘 책을 읽는 사람들이 있어요.

아, 갑자기 재미있는 기억이 하나 떠올랐어요. 제가 어렸을 때, 대학생이 되면 꼭 하고 싶은 게 하나 있었거든요. 저희 동네인 몽파르나스역 앞에 근사한 와인 바가 하나 있는데 퇴근 무렵이 되면 어른들이 술을 한잔 시켜놓고 잠시 책을 읽는 게 그렇게 멋있을 수가 없는 거예요.

그때 친구와 약속했어요. '우리 이 다음에 어른이 되면 꼭 저 술집에 가서 책을 읽는 거야!'라고 말이죠."

BOOK MARK

파리는 시간이 지나도 변하는 것이 거의 없다고 합니다. 20대 때 파리를 방문했다면 40대 때 가서 봐도 거의 비슷한 파리의 풍경과 마주할 수 있는 거죠. 그래서 사람들은 파리를 '시간의 금고'라고도 부릅니다.

어쩌면 그 시간의 금고에는 파리의 멋진 풍경들뿐 아니라 책을 사랑하는 마음도 함께 들어가 있는지 모르겠습니다. 수많은 탄압과 역경에서도 한자리를 지킨 부키니스트처럼, 끔찍한 테러 앞에서도 더 당당히 일상을 살겠다는 시민들처럼, 기뻐도 슬퍼도 매 순간 책을 읽는다는 학생들처럼, 자신들의 삶과 책을 분리하지 않는 바로 그 마음 말이죠.

언제 또 파리에 가게 될지 모르지만 부디 시간의 금고 속에 모든 것이 잘 보관되어 있기를 기대해봅니다. 시대를 초월한 '책의 도시'로서의 파리도 함께요.

혹시 지금 맡고 있는 업무 중에서 너무 하기 싫은 일이 있으신가요?

이 일만 없어져도 개인적으로 생명 연장의 꿈을 실현시킬 수 있을 것 같은 그런 일 말이에요.

저도 '그런 일'이 있었습니다. (다행히 과거형이네요.) 웹서비스 쪽 마케터로 일할 당시였는데 잦은 장애와 오류로 인해 사과문을 써야 하는 경우가 많았거든요. 저는 그 일이 정말 하기 싫었습니다. 사과문의 '사'자만 들어도 이미 마음은 도살장행 달구지에 올라타는 소와 같았죠.

사실 IT 업계에서 사과문은 흔하디흔합니다. 가벼운 버그나 업데이트 장애는 꽤 자주 발생하는 편이고 간혹 과금 장애나 윤리 이슈 같은 심각한 문제가 화두에 오르기도 하니까요. 그만큼 종류도 천차만별이고 내용의 톤 앤 매너Tone & Manner(어조와 태도)도 하늘과 땅 차이입니다. 그렇다 보니 아주 건조하게 사과하고 넘어가는 사례도 부지기수죠.

하지만 제게는 그 어떤 글보다 쓰기 어려웠습니다. 이미 사용자들이 화가 잔뜩 난 상태로 읽을 거라 생각하면 팩트를 설명하는 것마저도 모두 옹졸한 변명 같이 보였기 때문이죠. 그렇다고 누군가에게 넘길 수도, 피할 수도 없는 일이었습니다. 마케터는 사용자 커뮤니케이션의 끝단까지 책임져야 하는 만큼 누가 봐도 제 일이긴 했거든요.

근데 진짜 미운 정이란 게 있긴 한가 봐요. 그렇게도 싫은 일이었지만 늘 남들은 사과문을 어떻게 쓰나 싶어 두리번거리는 제 자신과 마주하게 되는 겁니다. 버스 정류장 한편에 '그동안 성원에 감사드립니다'로 시작하는 마트 폐점 공지문도 꼼꼼히 읽어보고, 밥 먹으러 들어간 식당에 붙은 '재료값 폭등으로 부득이 500원을 인상하였습니다'라는 안내문도 유심히 살펴봤습니다. 미안함을 전하는 수많은 글들이 어떤 말로 시작해서 어떤 말로 끝나는지, 각각의 화법과 분위기는 또 어떻게 다른지 보고 다니는 게 작은 일상이 된 거죠.

▌조금 뻔뻔한 사과문

그러다 우연히 '정오표'라는 것에 관심을 가지기 시작했습니다.

아마 이 단어가 생소하신 분들도 많을 텐데요, 주로 책이나 잡지 같은 출판물에서 잘못된 글자나 정보를 바로잡아 제공하는 표를 '정오표'라고 합니다. 쉽게 말해 틀린 내용을 정정해서 독자들에게 알려주는 것이죠. 문제집 같은 기능 서적에는 맨 뒤에 따로 첨부되는 경우도 있고 요즘은 아예 출판사 홈페이지 공지사항에 '정오표' 섹션을 만들어 제공하는 곳도 있습니다. 하지만 다음 중쇄를 찍을 때는 잘못된 글자들이 대부분 수정되기 때문에 그마저도 아주 한정적인 기능을 하는 것이라 할 수 있죠.

소소한 재미라는 게 이런 걸까요. 출판사에서 제공하는 정오표들을 보다 보니 묘한 중독성이 생겼습니다. 그렇다고 정오표가 큰 정보를 담고 있는 것도 아닌데 말이죠. 대부분이 별 특징 없이 주로 세 가지 정도의 공통 항목을 제공하거든요.

영역(페이지)/ 수정 전 내용/ 수정 후 내용.

아주 간단하죠. 어느 부분에서 무엇이 틀렸고, 그것을 이렇게 다시 바로잡는다는 내용이 다입니다. 사실 처음에는 제가 읽은 책들의 정오표를 보며 흥미를 붙이는 수준이었어요. 그러다 점점 각종 출판사 홈페이지나 블로그에서 일부러 정오표를 찾아보기 시작했고, 나중엔 정오표를 먼저 보고 관심이 가서 그 책을 찾아 읽는 경우도 생겼죠. 뭔가 이상하지 않나요? 잘못된 것을 먼저 접하고 제대로 된 것을 나중에 보는 게 말입니다.

그런데 한 가지 놀라운 것이 있었습니다. 가끔은 꽤 심각한 오탈자나 틀린 정보들을 바로잡는 정오표가 올라오거든요. 솔직히 말하면 '아니, 어떻게 이 상태로 출간할 수 있는 걸까?'라는 생각이 들 정도로 치명적인 오류를 담고 있는 책도 있습니다. 그런데도 간략한 수정 정보만 정리해서 올린 정오표를 보면 조금 뻔뻔하다는 생각이 들었죠. 중쇄에 수정한다고 해도 이미 그전에 책을 읽은 독자들은 어떡하나 싶은 오지랖까지 발동하곤 했고요.

그리고 마침내 그 경험의 끝을 마주하는 순간이 찾아왔습니다.

2018년 1월, 도쿄 여행을 갔을 때였어요. 저는 일본에 가면 늘 츠타야 서점에 갑니다. 각 지역의 츠타야 서점은 매장 분위기나 에디팅 요소가 모두 다르기에 언제 가도 새로운 모습을 볼 수 있죠. 가끔은 하루에 같은 지점을 두 번 이상 방문할 때도 있습니다.

그날은 롯폰기에 위치한 츠타야 서점을 방문한 날이었습니다. 사실 저는 일본어를 하나도 모르기 때문에 서점을 가도 대부분의 책은 무슨 내용인지조차 모릅니다. 그저 표지를 구경하고, 공간을 구경하고, 영어 서적 코너를 두리번거릴 뿐이죠. 그렇게 이곳저곳을 재미삼아 돌아다니던 중 여러 권의 책을 화려하게 진열해놓은 코너를 하나 발견했습니다. 그리고 거기에 커다랗게 쓰인 코너명이 제 눈길을 사로잡았죠.

'正誤表 新裝版(정오표 신장판).'

정오표가 붙은 책이나 그 내용을 반영한 개정판을 모아놓은 섹션이었습니다. 그중 (겨우 읽을 수 있는) '정오표'라는 세 글자가 너무도 또렷하게 제 눈에 들어온 거였죠. 그리고 곧 이상함을 느꼈습니다. 분명 정오표는 틀린 내용을 바로잡는 일람표이고, 그건 딱히 자랑하거나 내세울 만한 것이 아닌데 왜 그게 특별 코너에 자리 잡고 있을까 하고 말이죠.

더군다나 거기 있는 책들은 문제집 같은 기술 서적들이 아니었습니다. 당시 신예 작가로 최고의 주목을 받았던 '야마자키 나오코라'의 《타인의 섹스를 비웃지 마라》 같은 신작은 물론이고, 비교적 짧고 읽기 쉬운 문체로 잘 알려진 '요시모토 바나나'의 《바다의 뚜껑》 같은 작품도 있었거든요. 이런 신간이나 가벼운 소설에도 고칠 부분이 있나 싶어 헛웃음이 났습니다. 그러곤 책을 집어 들어 맨 뒷장을 보니 무슨 간이 영수증처럼 무성의하게 붙어 있는 정오표가 존재감을 뿜어내는 중이더군요.

압권은 따로 있었죠. 영화 〈화차〉의 원작자이자 미스터리 여왕이라 불리는 미야베 미유키의 《마술은 속삭인다》 같은 명작들도 함께 진열되어 있었거든요. 그 책이 1998년에 출간되었으니 무려 20년 된 작품에까지 정오표가 발행되는 것입니다.

좀처럼 이해가 되지 않았죠. 미안하다는 사과문을 붙여놔도 모자를 정오표판을 마치 새로운 시리즈가 출간된 것처럼 프로모션하다니요. 그것도 도쿄 츠타야 서점 한가운데서 말입니다.

▎잘못을 바로잡지 않는 것이 진짜 부끄러운 일이다

여행을 마친 후 일본 유학을 오래 다녀온 지인에게 제가 겪은 이야기를 들려줬더니 예상외의 반응을 보였습니다.

"사실 일본에서는 크게 놀랄 일은 아니에요. 일본은 과월 호 잡지에도 정오표가 발행되거든요. 제가 낚시를 좋아해 서 유학생 시절에 낚시 잡지를 자주 사서 봤는데, 글쎄 '청 새치 몸길이가 최대 4미터다'라고 되어 있던 초판이 그다 음에는 '최대 4.2미터다'로, 또 그다음에는 '최대 4.5미터 까지 발견된 사례가 있다'로 정오표가 붙더라고요.
심지어 작은 동네서점에 가면 각 출판사들이 보내준 정 오표들을 입구에 차곡히 정리해놓은 곳도 있어요. 필요 한 사람은 직접 가져가서 보고 확인하라는 거죠."

진심일 게 따로 있지 무슨 정오표 하나에 이렇게 진심인 사 람들이 있을까 싶었습니다. 그때만 해도 사실 큰 의미는 두지 않았던 것 같아요. 그저 일본의 출판 시장이 워낙 보수적인데 다 여전히 종이책 시장이 건재하니까 존재할 수 있는 특유의 문화 정도로 생각했습니다.

그런데 시간이 흐르며 조금씩 알게 된 정오표의 세계는 참신기하더라고요. 제가 상상하던 것보다 훨씬 깊고 재미난 세계였음은 물론이고 이를 대하는 사람들의 태도도 기대와는 전혀 달랐습니다.

대표적으로는 작가와 정오표의 관계가 그랬습니다. 실제 일본 출판계에서는 작가가 책을 출간한 이후에도 혹시 잘못된 부분이 더 없는지, 시간이 흘러 시대 상황과 맞지 않는 표현이나 단어는 없는지 끊임없이 들여다보는 것이 중요한 직업윤리 중 하나로 여겨진다고 했습니다. 출간된 작품을 완성작이라 생각하지 않고 계속 다듬고 관리해줘야 하는 존재로 보는 것이죠.

그리고 이 정오표는 작품이 독자를 만나기 시작하며 더 큰 생명력을 얻게 됩니다. 실제로 출판사에 계시는 분의 이야기를 들어보면 지금도 독자들 중에 직접 정오표를 만들어 보내주는 분들이 종종 있다고 합니다. 대학교수처럼 한 분야에 정통한 마니아들도 있지만 책을 좋아하는 평범한 독자들도 책의 곳곳에 숨어 있는 잘못된 부분을 지적하며 전화나 메일로 알려주신다고 하더라고요. 어쩌면 위키피디아 같은 집단 지성의 시초가 이 정오표에서 출발한 것은 아니었을까 하는 생각마저 들게 했습니다.

더 재미있는 것은 이 정오표의 세계를 통해 저에게 꽤 큰 가치관의 전환이 일어났다는 점입니다.

사실 그전까지는 회사 일을 하건 개인적인 업무를 하건 간에 약간의 결벽증 같은 게 있었습니다. 첫인상의 중요성에 심취해서인지 아니면 실수를 용납하는 게 너무 자존심 상해서였는지는 모르겠지만, 처음부터 완벽히 잘해야 한다는 강박 같은 게 있었거든요. 어느 한구석에서 오류나 실수가 발견되면 그게 몇 날 며칠이고 신경이 쓰였습니다.

아마도 사과문을 쓰기 싫었던 이유도 이와 비슷하지 않았을까 싶어요. 저는 제가 담당하고 있는 서비스에 장애가 발생하는 것도 너무 싫었고 이를 이해해달라며 사용자에게 고개 숙이는 것도 싫었던 겁니다. '재발 방지를 위해 최선을 다하겠습니다'라고 말해놓고 다음에 또 비슷한 문제가 생기면 꼭 제가 거짓말하는 사람이 되는 것 같아서 자괴감까지 들었으니까요.

그렇다고 오류를 당연시하거나 별것 아닌 것처럼 대해야 한다는 건 결코 아닙니다. 오히려 그게 훨씬 큰 문제겠죠. 다만 무엇이든 한 번에 완벽해야 한다는 강박은 큰 도움이 되지 않는다는 걸 깨달았습니다. 전문가들을 통해 수차례 교정을 거친 책도 어디선가 잘못된 부분이 발견될 수 있으니까요.

▌나는 정오표를 발행하고 있을까?

정오표의 본질도 거기에 있습니다.

정오표는 '잘못된 것誤'을 지적하고자 하는 게 아니라 이를 '바로잡는正 데' 그 의미가 있습니다. 사소한 것은 사소한 대로, 큰 것은 큰 대로 잘못된 부분을 인정하고 제대로 고치겠다는 약속을 하는 것이죠.

그제서야 츠타야 서점 한가운데 놓인, 정오표 붙은 책들의 의미를 알 것도 같았습니다. 그들에게 정오표판, 신장판이라는 건 잘못을 바로잡아 더 좋아진 것, 완벽하지는 않더라도 계속 완벽해지고자 노력하는 것인 셈이죠.

그러니 조금이라도 더 나아진 그 책들을 독자들에게 빨리, 눈에 띄게 알려줘야 한다는 일종의 사명감을 가졌던 건지도 모르겠습니다. 마치 새 아이폰이 등장할 때마다 '기존의 단점을 보완해 더욱더 멋진 아이폰이 되었습니다'라고 외치는 애플처럼 말이에요.

사실 기획 일을 하는 사람에게는 늘 딜레마의 순간이 찾아옵니다. 바로 '엎을까 말까' 하는 순간이죠.

지금 내가 힘겹게 이끌고 있는 이 일이 조금만 더 노력하면 나아질 수 있는 일인지 아니면 아예 허물고 처음부터 새로 시작하는 게 더 빠르고 나을지 헷갈릴 때가 있습니다.

게다가 브랜딩 분야는 그런 딜레마가 더더욱 심합니다. 초반에 각인이 잘못되거나 경험 설계가 어설프면 그 후유증이 꽤 오래가거든요. 그래서 이따금씩 차라리 지금 하던 것을 접고 새로운 브랜드로 탈바꿈시키거나 또 다른 서브 브랜드를 둬서 돌파구를 찾아볼까 하는 고민에 빠집니다.

하지만 그럴 때마다 정말 냉정하게 판단해야 합니다. '우리는 그동안 적극적으로 정오표를 발행했는가?'를 생각해봐야 하는 것이죠. 끊임없이 잘못된 것을 찾고 이를 바로잡으려고 노력했는지 아니면 어디서부터 손을 대야 할지 모르겠으니 그냥 다시 시작하자는 '리셋 증후군'이 돋은 건지 스스로에게 질문해볼 필요가 있습니다.

지금은 너무도 유명해진 '린 스타트업Lean Startup'이라는 개념이 있죠. 처음부터 완벽한 제품을 만들기보다는 일단 무엇인가 하나를 만들어놓고서 이를 끝없이 측정하고, 수정하고, 개선하며 발전시켜나가는 방식을 말합니다. 실리콘밸리에서 매년 무수히 많은 히트 제품이 쏟아져 나올 수 있는 이유 중 하나로 꼽히기도 하고요.

초정밀의 극한으로 불리는 우주선도 마찬가지입니다. 마치 한 치의 오차도 없이 정확한 루트를 따라 목표물을 향해갈 것 같지만 실상은 비행 중에 수백만 번의 미세한 궤도 수정이 이뤄진다고 합니다.

모두 각자의 분야에서 정오표를 만들고 있고 그 오류를 바로잡는 데 한없는 노력을 기울이고 있는 것이죠.

저 역시도 이제는 정오표 쓰는 걸 크게 두려워하지 않습니다. 오히려 가끔은 정오표를 통해 놓치고 있던 부분까지 깊숙이 들여다볼 때도 있거든요. 의미 없는 완벽주의에 빠져서 스스로 곪아가는 것보다는 도려내고 꿰맨 자국이 남아도 건강하고 진실된 모습을 보여주는 게 천만 배 나으니까 말이죠.

어쩌면 큰 미사여구 없이 어디서, 무엇이 잘못되었고, 이를 어떻게 고치겠다는 정오표의 약속처럼 정직하고 분명하게 이야기하는 게 제일 큰 용기가 아닐까 하는 생각도 함께해봅니다.

그러니 우리 '오誤'보다는 '정正', As-is(지금)보다는 Tobe(앞으로)를 위해 살자고요.

정오표에 대해 설명해주시던 출판사 관계자분이 이런 말씀을 하셨습
니다.

"정오표의 매력이 뭔지 아세요? '수정 전'과 '수정 후'를 표기하는 비
율이 똑같다는 거예요. 창피하다고 해서 잘못된 부분을 작게 써놓거
나 새로 교정한 부분을 크게 부각시켜 쓰지 않으니까요. 오히려 나란
히 배치해서 무엇을 어떻게 바로잡았는지만 정확히 보여주는 게 핵
심이에요.
그래서 저는 매년 새해 목표를 쓸 때 정오표처럼 써요. 올해는 이런
부분이 아쉬웠으니 내년에는 이렇게 바로잡겠다고. 실수를 감춰서
도 안 되고 목표를 허황되게 잡아서도 안 되니까, 정확히 제가 딱 고
쳐야 하는 부분만 바로잡는 거죠."

PART 3

읽고

생각하고

펼치는

사람

∞

기획을 제대로 한 기획자라면
그 결과물 앞에만 있어도
내가 조금 더 좋은 사람이 된 것 같은
기분이 들 때가 있습니다.
좋은 기획은, 기획자로 하여금
자기 치유의 힘을 줄 수밖에 없다고 봐요.
나부터 만족하고 감동하고
설득되고 바뀌어갈 수 있어야
다른 누군가도 그럴 수 있는 거니까요.

다큐멘터리를 보던 중 재미난 사실을 하나 발견했습니다.

제작진이 실험 참가자들의 집에 카메라와 추적 장비를 설치하고서 1년 동안 그들의 동선을 탐구했는데요, 그 결과 놀랍게도 참가자 전원이 실제 집 안 면적의 25퍼센트도 채 안 되는 곳만을 이동하며 산다는 사실이 밝혀진 거죠. 가구나 물품이 놓인 곳을 제외하고서라도 늘 다니던 곳으로만 이동하고 늘 머물던 자리에서만 시간을 보내는 겁니다.

그뿐만 아니라 양치질을 할 때도 사람마다 익숙한 동작을 취하기 때문에 어느 부분은 훨씬 많이 닦고 상대적으로 손이 덜 가는 곳은 그대로 방치할 확률이 높다고 하죠.

왜 그럴까요? 이는 선호나 기호의 문제는 아니라고 합니다.

대신 자신도 모르는 사이 익숙해진 곳만을 찾아 특정한 영역을 만들기 때문이죠. 일종의 '학습 경로'라고 보는 것이 맞습니다.

새로 이사한 지 약 2년 정도가 되었습니다. 가만히 생각해보니 저 역시 익숙하지 않은 공간에서 익숙하지 않은 자세로 앉거나 서 있어본 적이 없는 것 같아요. (딱히 넓은 집도 아닌데 말이죠.)

오히려 마치 최적의 길을 발견한 신인류처럼 잘 짜여진 경로대로 생활하는 것을 자랑스러워했달까요. 아침에 일어나 커튼을 걷고, 간단히 식빵과 커피를 준비한 후에, 거실 TV를 켜서 뉴스 채널에 맞춰놓은 다음, 소파에 앉아 밤사이 온 메일이나 메시지를 확인하는 그 일련의 과정을 반복하면서 저 스스로 점점 더 생활의 폭을 좁혀온 건지도 모르겠습니다.

의식하면 보이는 법이라고 했던가요. 학습 경로라는 것에 묘한 흥미가 생기기 시작했습니다.

우리가 가장 창의적이고 자유로웠을 때가 언제였을까요? 아마도 어린아이였을 때가 아닐까요? 저는 그 이유 중 하나로 '공간을 100퍼센트 활용하는 능력'이 큰 영향을 미친다고 생각합니다.

실제로 가끔 저희 집에 여섯 살배기 조카가 놀러 오는데 그 활동량이 박지성 전성기를 능가하거든요. 아마도 조카 발바닥에 페인트를 칠해놓았다면 진짜 집 안의 모든 곳에 발자국이 남았을 겁니다.

어린아이들에게는 학습 경로라는 게 아직 없나 봅니다. 어딜 가나 직접 발로 딛고 손으로 만져봐야 호기심이 충족되니까요. 돌이켜보면 어린 시절 누구나 책상 밑, 다락, 커튼 뒤, 장롱 속 같은 곳에 숨어들어 놀아본 경험이 있을 거예요. 최적의 루트를 찾기보다 마음 가는 대로 살았던 시기죠. 예전에 살던 동네를 찾아가 보면 '이 길이 이렇게 좁았었나' 할 때가 있는데, 제 몸이 커진 탓도 있겠지만 어쩌면 무엇이든 넓고 새롭게 바라보던 그 시야가 좁아져서인지도 모르겠습니다.

▌경로를 이탈하였습니다

직업이 직업인지라 크리에이티브에 관한 강의나 콘텐츠를 자주 찾아보는 편인데요, 그중에서 대부분의 연사들이 늘 공통되게 강조하는 것이 있습니다.

바로 '낯설게 보기'죠.

익숙한 일상에서 특별함을 찾으라는 말도, 반복되는 것들 속에서 새로움을 느끼라는 말도 전부 '낯설게 보는 것'에서 시작하니까요. 근데 '낯설게 보라'고만 하지 어떻게 해야 낯설게 볼 수 있는지를 알려주는 사람은 많지 않더군요. 아마도 그 방법은 스스로 찾고 터득해야 하기 때문인 것 같습니다.

저는(조금은 의식적으로) 학습 경로를 피하는 데서부터 시작했습니다.

낯설게 보려면 관점을 바꿔야 하고, 관점을 바꾸려면 바라보는 위치를 다르게 해야 한다는 단순한 접근에서였죠. 그리고 이 학습 경로란 것은 눈에 보이는 물리적인 공간에만 적용되는 게 아니라는 사실도 알았습니다. 우리 머릿속에도 늘 익숙하게 짜여진 루트가 있고, 그 길을 따라 쉽게 생각하고 받아들이려 하는 게 본능이니까요.

재작년 동유럽을 여행할 때 일입니다. 마지막 여정으로 도착한 프라하에서 한껏 야경을 구경한 다음 그냥 돌아가기가 아쉬워 헤밍웨이가 즐겨 다녔다는 작은 술집으로 들어갔습니다. 고풍스러운 공간에 조금은 왁자지껄한 분위기가 어울

려 마치 영화 〈일루셔니스트〉 속의 주인공이 된 듯한 느낌을
주는 곳이었죠. 바텐더가 어떤 술을 먹겠냐고 묻길래 평소 제
술 취향을 감안해 너무 높은 도수의 술을 제외하고 추천해달
라고 했습니다. 그러자 그가 말하더군요.

"단순히 취향의 문제라면, 오늘 새로운 것에 도전해보는
건 어때요? 익숙한 것에서부터 벗어나려고 여행 온 거 아
닌가요? 그럼 여기 머무는 동안은 새로운 것과 마주하고
돌아가야죠."

순간 "자네 바텐더 집어치우고 한국에서 철학 강의해볼 생
각 없나?"라는 말이 목구멍까지 올라왔습니다. 이래서 대문
호가 많이 탄생했나 싶은 생각에까지 다다를 무렵 제 앞에
'압생트'라는 술이 놓였습니다. 반 고흐, 애드거 앨런 포, 헤밍
웨이 등 수많은 예술가들이 사랑한 술이죠. 예술적 영감을 불
러일으킨다는 속설과 함께 '녹색 요정'이라는 별칭을 가진 압
생트의 도수는 70도에 육박합니다.

"한때는 압생트의 '웜우드Wormwood' 성분이 정신착란을
일으킨다는 말도 있었지만 오늘날에 와서야 근거 없는

소문이었다는 게 밝혀졌어요. 어쩌면 그때의 예술가들은 압생트를 마셨다는 사실에 취한 걸지도 모르죠. 뭔가 새로운 것을 떠올린 게 아니라 익숙한 것을 새롭게 보게 되었다랄까요."

그렇습니다. 바텐더의 말처럼 그 옛날 예술가들이 얻은 것은 신적 영감이 아니라 낯설게 볼 수 있는 용기였을지도 모릅니다. 잠시나마 머릿속의 학습 경로를 잊고 평소 가보지 않은 생각의 길을 걸어가기 시작한 거죠.

▮ 커다란 변화가 아닌 작은 변주로부터

가끔은 '다르게'라는 말이 큰 부담이 되기도 합니다. 무엇인가를 기획하고 만들어내야 하는 우리 같은 사람들에게 '늘 새롭고 짜릿한' 것에 대한 주문은 스스로를 옥죄기도 하죠. 아마 지금 이 글을 읽는 여러분들도 '그래서 또 다르게 보고, 다르게 생각하고, 다르게 행동하라…. 그 소리 하려고?'라며 의심의 더듬이를 세우고 있을 수도 있겠네요.

글쎄요. 사실 그건 저도 잘 못합니다. 매일 핫플레이스를 찾아다니는 성격도 아니고 일상 속 재미난 일들을 모아 SNS에 착착 올리는 타입도 못되거든요. 오히려 계획된 시간에, 계획된 것을 하는 게 마음 편한 스타일입니다.

하지만 제가 말하는 건 커다란 변화라기보다는 '변주'에 가깝습니다.

아주 작은 것부터 조금만 다르게 시작해보는 거죠. 패션의 흐름이 꾸안꾸(꾸민 듯 안 꾸민 듯)라면 일상의 변주는 '변안변(변한 듯 안 변한)' 정도 될지 모르겠네요.

늘 읽던 책 말고 새로운 분야의 낯선 책을 골라보는 것. 주말 아침마다 동네 근처 새로운 카페를 한 군데씩 발견해보는 것. 차곡차곡 정성스레 쌓아놓은 플레이리스트 대신 누군가가 추천해준 음악에 하루를 맡겨보는 것. 옷장에 무채색 옷만 한가득이라면 포인트로 노란색 스니커즈 하나 들여놓는 것. 당장 쓸모는 없어도 왠지 마음이 가니까 그냥 덜컥 사보는 것(물론 적정한 예산 안에서…). 이유도 없이 낯선 동네를 방문해 밥 한 끼 먹고 차 한잔 마셔보는 것.

유난 떨지 않아도 우리 일상에 변주를 줄 수 있는 것들은 차고 넘칩니다.

제 지인 중에 유독 운전에 겁이 많아 나이 마흔 가까이 면허 시험조차 응시하지 못했던 사람이 있습니다. 그러던 그가 어느 날 회사 근처에 멋진 바이크를 몰고 나타나는 바람에 깜짝 놀랐죠. 어떻게 된 일이냐 물었더니 되돌아온 답변이 저를 더욱 놀라게 했습니다.

"운전을 할 줄 모르니까 늘 자전거를 타고 다녔거든. 그러다가 웬만한 자전거를 다 섭렵했어. 결국 전기 자전거까지 탔고 말야. 근데 그 속력이면 왠지 오토바이도 괜찮을 것 같은 거야. 그래서 이 녀석을 샀는데 너무 만족스러운 거 있지.
근데 여전히 자동차 운전은 겁이 나. 가만히 보니까 나는 차체의 크기나 폭을 가늠할 수 없는 것에 큰 공포를 느끼더라고. 그래서 바닥 없고, 뚜껑 없어도 내 몸에 붙어 있는 이륜차가 좋아."

'욕심내지 말고 내가 할 수 있는 부분에서 조금씩만 변주를 줘보자!'라는 마인드가 생긴 건 그때쯤인 것 같습니다. 늘 독하게 마음먹고 한 번에 방향타를 돌려야 변할 수 있을 거라 생각해온 사고방식이 선풍기 바람에 아이스크림 녹듯 녹아

내렸죠. 자동차 운전이 무서우니 애초에 바이크를 타자라고 생각하는 사람은 아마 아무도 없을 겁니다. 대신 편하고 익숙한 것에서 조금씩 나아가려는 노력이 어느덧 낯선 것을 초월한 변화를 가져다주는 거겠죠.

일상을 여행처럼 살라는 말이 있습니다. 아마도 여행이 즐거운 이유는 우리가 잘 알고 있는 루트가 없기 때문일지도 모릅니다. 도보로 30분이 훌쩍 넘는 거리도 걸을 만하다고 생각하고, 사람들이 추천해준 맛집이 생각보다 별로여도 웃어넘길 수 있는 이유. 꼭 여행이라서 그런 건 아닐거예요.

오히려 익숙한 것이 없기 때문에 낯선 것에도 덜 어색함을 느낀다고 봐야겠죠. 그러니 여러분의 삶 속에 익숙하지 않은 것들을 하나씩 끼워 넣어보세요. 혹시 아나요. 일상이 여행하듯 조금은 더 재밌어질지도요.

저는 영화 취향이 좀 편협한 편이었는데요, 최근엔 넷플릭스를 켜고 손 가는 대로 꾹 눌러 맘껏 즐기려 노력합니다. 커피를 마시거나 책을 읽을 때도 조금은 낯선 위치와 장소를 골라보기도 하고요. 내비게이션 말을 무시한 채 평소와 다른 길로 출근해보기도 합니다.

각도를 1도만 틀어도 햇빛이 닿는 면적은 어마어마하게 달라진다고 하죠. 우리의 시야도, 생각도 다 똑같은 것 같아요. 덕분에 요즘은 평소 제 마음이 닿지 않던 곳에 조금씩 길을 터보는 기분으로 하루를 살고 있습니다.

BOOK
MARK

설날의 '설'이 '낯설다'로부터 왔다는 걸 혹시 아시나요? 처음 맞이하는 한 해의 첫날이 아직 낯설기 때문에 '설날'이라고 부르게 된 것이죠.

새해 첫날이 되면 사람들은 늘 과거에 익숙했던 것들에서 벗어나 새로운 시작을 희망합니다. 마치 기존의 경로를 모두 지운 채 완전히 새 길을 만들어 걷고 싶어 하죠. 그런데 대부분 며칠 가지 않아 다시 제자리로 돌아오곤 해요. 그리고 너무도 익숙하게 다시 원래의 길을 따라갑니다.

어쩌면 너무 큰 변화를 바라는 욕심이 부메랑처럼 우리를 제자리로 돌려놓은 것은 아닐까 싶어요. 그러니 우선 아주 조금씩만 새로운 것을 향해 방향을 틀어보자고요. 낯선 것들이 익숙한 것들 사이에서 자연스레 녹아들 수 있게, 대신 조금은 새로운 곳으로 우리를 이끌 수 있게, 그렇게 변주를 시작해보는 겁니다.

저는 '중2병'이란 단어를 그다지 좋아하지 않습니다.

우리 주변에서 흔히 '허세'라는 단어의 대체어쯤으로 쓰이고 있는데 왠지 사춘기 시절의 자아정체기를 싸잡아 비하하는 느낌이 들어서입니다.

그럼에도 저 역시 비슷한 뉘앙스로 사용하게 되는 건 어쩔 수 없는 거 같아요. 단어라는 것은 참 묘해서 사람들 사이에 일정한 공감대가 형성되고 이를 반대하거나 완화시킬 만한 대안을 제시하지 못하면 그 자체가 일상용어로 자리 잡아버리게 되거든요. (학창 시절 별명이 붙는 과정도 이와 비슷합니다. 그러니 이상한 별명이 붙을 것 같으면 얼른 친구 녀석에게 대체어를 제시하세요.)

여타 인터넷 은어들과는 달리 중2병은 제법 긴(?) 역사와 뚜렷한 출처를 가지고 있습니다.

시작은 1999년. 일본 배우인 이쥬인 히카루伊集院光가 자신의 라디오 방송에서 처음 사용하면서부터였습니다. '중학교 2학년 생이라면 누구나 할 만한 행동'이라는 주제로 시청자들에게 중2병 사연을 받는 코너를 방송한 것이 시초였죠. 이후 대중적으로 널리 쓰임새를 갖기 시작했고 머지않아 싸이월드가 유행하던 우리나라에도 상륙했습니다.

일본에는 이 중2병을 분석한 책들도 적지 않게 발간되었는데요, 한 책에서는 중2병의 전형적인 증세를 몇 가지로 분류하며 본인이 지금 중2병을 앓고 있는지 직접 테스트해보도록 하기까지 했습니다. 그중 제가 가장 재미있게 본 항목이 하나 있었는데요, 바로 '서양음악에 심취하기 시작하며, 이른바(대중은 잘 모르고) 나만 아는 아티스트에 집착한다'였습니다.

누구나 그런 시절이 있었을 겁니다. 저도 마찬가지였죠. 저는 어릴 때부터 흑인음악을 좋아해서 또래 친구들이 다 록발라드에 빠져 있을 때 홀로 힙합과 R&B 음악을 들으며 '그 병(?)'을 겪었습니다.

한국의 힙합 아티스트들도 좋아했지만 학교나 지하철에서

는 항상 해외 힙합 음악을 들었습니다. 뭔가 있어 보였거든요. 한 푼 두 푼 모은 용돈으로 레코드샵에서 CD를 고를 때면 '부모 주의 요망: 노골적인 표현이 있음Parental Advisory: Explicit Content'이란 경고 스티커가 붙은 음반만 집어 들었습니다. 다른 음악도 아니고 힙합인 걸요. 암요 그래야죠.

지금 생각하면 흑역사 수준의 허세이자 자아도취였습니다. 이왕 얘기가 나온 김에 조금 더 오글거리는 이야기도 해볼까요?

저희 동네에서 조금 떨어진 번화가에 구제 옷가게가 하나 있었습니다. 당시 유행하던 힙합 의류는 물론이고 미국에서 건너온 레어템들이 꽤 많아 친구들과 그곳에 가는 게 너무 신나고 즐거웠죠.

그런데 그 가게의 진짜 재미 포인트는 바로 사장님이었습니다. 타고난 언변과 특유의 넉살로 손님들을 끌어모으는 분이었거든요. 얼마나 수완이 좋았던지 잠시 둘러보고 오면 찜해둔 물건이 금세 팔리고 없었습니다. 그런 사장님께서 하루는 구제 청바지 하나를 들어 보이며 저희에게 이렇게 말했죠.

"야. 너네 여기 다리 부분에 빨간 자국 보이지? 이게 뭔 줄

알아? 핏자국이야 핏자국. 미국에서 래퍼하던 놈이 골목
에서 마약 팔다가 다리에 총을 맞았는데 그걸 그대로 입
고 다니다가 흘러 흘러 여기까지 온 거야. 원래는 아무한
테나 안 보여주는데 너희니까 내가 특별히 구경이라도
시켜주는 거야."

요즘 같으면 당근마켓에 올려도 믿는 사람 하나 없을 이야
기에 저와 제 친구는 침을 흘리며 빠져들었습니다. 비싼 가격
이라 끝내 발걸음을 돌려야 했지만 며칠이고 그 청바지가 눈
에 아른거려 잠을 제대로 못 잘 정도였죠. 그 청바지의 주인은
꼭 나여야만 한다 싶었거든요.

돌이켜보면 그런 남다른 이야기들이 모여 저의 흑인문화
사랑을 더욱 진하게 만든 것이 아닐까 싶습니다. 그리고 저는
지금도 그 가게 주인 아저씨가 제 인생 최초의 스토리텔러라
고 생각하고요.

▮ 중2병은 중2때 겪는 게 다행인지도 모른다

이쯤 되니 중2병의 본질이 뭘까 궁금해졌습니다. 아마도 자

신의 정체성을 찾고 싶어 시작한, 스스로에 대한 여행쯤일 수 있겠죠. 그리고 그 여행의 첫 번째 단계는 당연히 다른 사람과 나를 구분하는 것으로부터 시작될 겁니다.

세상 사람들이 잘 모르는 독특한 아티스트와 본인을 어떻게든 연결 지어 주위 집단으로부터 나 스스로를 분리해내는 작업이 필요한 것이죠. 다만 나에게 집중하기보다 타인을 의식하는 행위가 지나치면 그것이 곧 허세이자 중2병이 되어버린다고 생각합니다.

그런데 이 중2병이라는 것이 꼭 그 시기에만 찾아오는 건 아닌 것 같습니다. 두 번째 사춘기가 와도 모자랄 나이의 사람들 중에도 종종 그런 경향을 보이는 경우가 있죠. 특히 크리에이티브 관련한 분야에서 일을 하다 보면 간혹 저 사람이 지금 맡은 업무를 하는 것인지 아니면 개인 포트폴리오를 만들고 있는지 구분이 안 되는 경우가 있습니다. 일의 본질에 몰두하기보다 다른 것들과의 구분에 목적을 두다 보니 허세와 자아도취가 업무에까지 묻어나는 것이죠.

이런 사람들은 대개 새로운 것만을 찾거나 일단 튀어 보이는 것을 선호합니다. 혹은 자신이 만든 것에 너무 과한 의미를 부여한 나머지 다른 사람들은 쉽게 공감하기 힘든 경우도 있고요.

　한 모임에서 소위 광고계의 어른으로 통하는 분을 뵌 적이
있습니다. 평소에도 박학다식하기로 소문나신 분인데 후배
들 사이에서 암암리에 불리는 별명이 '입꾹'이라고 하더군요.
어떤 말을 해도 '그게 아니라~'로 시작하기 때문에 차라리 그
분 앞에서는 입을 꾹 다무는 것이 낫다는 데서 붙여진 별명이
랍니다.

　제가 참석한 그날은 우연하게도 책에 관련한 이야기가 주
제로 떠올랐습니다.

　"나는 서점에 가도 베스트셀러 코너는 근처도 안 가. 그거
　다 상술이야. 오히려 책 안 읽는 사람들을 위해 제일 가볍
　고 간편한 내용만 추려놓은 거거든. 반찬으로 치면 소시
　지, 돈가스 뭐 그런 거라고. 맛있어도 영양가는 없지."

　그러면서 본인이 근간에 읽은, 이름도 외우기 힘든 동양사
학 관련 서적을 줄줄 읊기 시작했습니다. 저 역시 입꾹이가 되
어 제 앞의 음식들만 부지런히 먹어 치웠습니다. 참고로 잔소
리를 피하는 최고의 방법은 입안의 음식 맛에만 온전히 집중

하는 것입니다. 이렇게 조금씩 미식가가 되어가나 봅니다.

▌취향, 그 참을 수 없는 가벼움

저는 베스트셀러 코너에 참 관심이 많습니다. 그뿐만 아니라 소설이든 경제 서적이든 사람들이 많이 찾고 매대에 오래 머무는 책들에 호기심이 발동하죠. 큰 이유는 없습니다. 그저 제가 다니는 회사가 대중이 사용하는 서비스와 제품을 만드는 곳이기에 늘 사람들이 원하는 게 무엇인지 궁금합니다.

그중 베스트셀러는 현대 관심사의 집약체와도 같습니다. 방송에서 큰 화제를 모은 인물의 자서전도 있고 병마와 싸워 이긴 분투기를 기록한 에세이도 있으니까요. 일상생활에 쉼표가 되어주는 시집도 있고 젊은 날의 청춘을 날 것 그대로 토해낸 비평서들도 자리하고 있죠.

그 외에도 갖가지 책들이 짧게는 일주일 길게는 6개월 이상씩 매대를 오르내리며 경쟁하고 있습니다. 그러니 한 걸음 물러서 바라보기만 해도 베스트셀러 코너가 전해주는 인사이트가 있어요. 전 그게 참 흥미롭습니다.

고백하자면 저 역시도 가끔은 베스트셀러 책들이 가볍게 보일 때가 있습니다. '입꾹' 어른께서 언급하신 소시지, 돈가스 반찬 같은 책들이 어떤 것일지 아주 모르는 것은 아닙니다.

하지만 그렇다고 사람들에게 사랑받는 대중문화를 외면하고 점점 깊은 구덩이만 파고 들어가는 게 정답은 아니라고 생각합니다. 특히 세상과 사람을 관찰하고 이를 제품이나 서비스에 녹여내야 하는 기획자의 입장에서는 더욱 그렇죠.

저도 한때는 내년의 소비심리를 예상하고 분석해놓은 이른바 'OOO 트렌드'의 서적을 별로 좋아하지 않았습니다. 왠지 비약인 듯 보이는 내용도 많고 억지로 짜 맞춘 듯한 메시지의 나열이 조금은 불편했거든요. 하지만 항상 그런 책들을 직접 사서 읽어봅니다. 싫다고 외면하는 것과 직접 체험하고 나서 좋고 싫음을 가리는 것은 천지 차이니까요.

영화나 음악도 마찬가지입니다. 천만 관객이 든 영화라면 취향을 막론하고 일단 극장으로 달려갑니다. 가요 차트의 Top 100 음악들도 한 번씩은 들어보는 편이고요. 잊을 만하면 새로 등장해 품귀 현상을 빚는 과자와 음식들, 유행어를 쏟아내는 핫한 TV 프로그램도 우선 경험부터 해보고 판단하려 합니다. 저는 이게 대중을 위해 일하는 사람들의 기본적인 예의라고 생각해요.

본인의 취향을 잘 알고 발전시켜나가는 것은 요즘 시대에 참 중요한 경쟁력이죠. 내가 좋아하는 것과 싫어하는 것, 잘하는 것과 못하는 것을 구분 지을 수 있는 것만으로도 스스로에 대한 이해도가 높은 사람이니까요.

그러나 무엇인가를 기획하는 사람은 나의 취향과 타인의 취향을 정확히 구분할 수 있어야 한다고 생각합니다. 대중은 좋아하지만 나에게는 별로인 것, 반대로 나는 너무 좋아하지만 대중적으로는 큰 반향을 일으키지 못하는 것을 유심히 관찰해보는 자세가 늘 필요하죠. 그리고 냉정하게 인정해야 합니다.

저는 B급 감성을 별로 좋아하지 않습니다. 친한 사람들과 시시콜콜한 말장난이나 농담하는 것은 참 즐거운데 사용자나 고객들에게 다가가는 메시지에 B급 감성을 담으려면 머리가 복잡해지고 어딘가 어색해집니다. 그러니 B급 코드를 활용한 마케팅보다는 감각적이고 세련된 사례들에 눈이 먼저 가죠.

하지만 이는 어디까지나 제 취향과 장단점일 뿐입니다. 업무에 있어 전략적으로 'B급 커뮤니케이션'이 필요하다고 생각하면 당연히 그 방향으로 나아가는 게 맞습니다.

그래서 언젠가부터 별로 흥미가 없는 것들도 한 번쯤은 제대로 들여다보려고 노력합니다. 싫어하는 것, 자신 없는 것이라고 기피하면 그 분야에 대한 이해도가 점점 낮아지고, 그것이 꼭 필요한 때에도 고려 대상에서 은근슬쩍 제외하게 되거든요. 결국 야구 방망이를 써야 할 때 탁구채를 드는 해프닝이 생기기 마련입니다. 그러니 책이든 음악이든 물건이든 음식이든 간에 많은 사람들이 좋아하는 것에는 꼭 한번 가까이 가보기를 권합니다.

나름 이 업계에서 연차가 쌓이다 보니 '다름을 위한 다름'만큼 촌스러운 것도 없는 거 같아요.

'내가 하는 것은 달라야 해'라는 생각이나 '나는 이런 것을 잘하니까 이번에도 내가 잘하는 것으로 풀어가야지'라는 접근법은 자칫 여러분의 제품이나 서비스를 위험에 빠뜨릴 수 있습니다.

어린 시절 나의 정체성을 찾아가는 과정으로서의 중2병은 귀엽게라도 봐줄 수 있지만 사용자와 고객을 상대하는 입장에서는 치명적인 허점이 될 수 있음을 기억하면 좋겠습니다.

그런 의미에서 오늘은 편의점에서 가장 핫한 맥주 한 캔과 과자를 사서 박스오피스 1위 영화 한 편 보는 것은 어떨까요. 이어폰 너머로 최신가요 차트를 플레이하고서 서점 베스트셀러 코너를 구경 가는 것도 강추합니다.

BOOK MARK

어린 시절 기억을 더듬다가 문득 이런 생각을 합니다.

'그때 그 구제 청바지 속에 담긴 사연이 진짜였으면 어떡하지? 그 옷 주인이 50센트나 켄드릭 라마였다면?' 하고 말입니다.

구조를 수집하는 사람 ——————

소설가 김영하 님은 "작가는 말을 수집하는 사람"이라고 했습니다.

　일상 속 말들을 허투루 넘기지 않고 재미있는 단어가 발견되면 곧장 수첩에 기록해둔다고 하죠. 각 지방에서 사용하는 고유한 방언들, 젊은 사람들은 잘 모르는 빛바랜 단어들도 놓치지 않고 긁어모은다고 합니다.

　그래서인지 소설을 읽다 보면 일반적으로 자주 사용하지 않는 독특한 단어들이 자리하고 있을 때가 있습니다. 정확한 뜻을 알기 위해 사전을 찾아보고서야 고개를 끄덕일 수 있죠. 말은 사람의 목소리, 표정, 제스처와 함께 전달되기에 의미를 파악하기 그나마 유리하지만 글로 쓰인 단어들은 앞뒤 문맥

말고는 딱히 그 뜻을 유추할 근거가 없습니다. 그러니 조금 번거롭더라도 사전을 찾아가며 음미하듯 읽는 것이 좋습니다.

작가가 말을 수집하는 사람이라면 기획자는 구조를 수집하는 사람이라고 생각합니다.

구조構造라는 단어를 사전에서 찾아보면 "부분이나 요소가 어떤 전체를 짜 이룸"이라고 설명하고 있습니다. 구조의 영어 단어 Structure는 '세우다Build'의 의미인 'Struct'라는 어근에서 파생되었죠.

실제로 구조의 유의어들도 우리가 흔히 아는 단어들입니다. 어떤 시스템의 기반, 틀이라는 의미의 Framework, 내용을 구성하는 요소들의 배열인 Composition, 기질이나 특성 혹은 물성의 조합인 Make-up에도 구조라는 뜻이 있습니다. 대부분이 직물이라고만 알고 있는 Fabric에도 '구조', '뼈대'라는 의미가 있죠.

정리해보자면 '흩어져 있는 것들을 모아 짜임새 있게 만든 모든 것'을 구조라고 부를 수 있겠습니다. 그러니 기획 일을 하는 사람들은 요소와 형태만 다를 뿐 모두가 나름의 구조를 만들고 있는 셈이죠.

구조를 찾는 데 진심인 편입니다

'저거 어떻게 한 거지?'

기획 일을 하는 동료들을 만나면 직업병처럼 튀어나오는 말입니다. 힙한 마케팅 사례를 발견하거나 뜨는 동네의 핫플레이스를 가더라도 '와 좋다', '이야 멋지다'로만 끝나는 경우는 거의 없습니다. 왜 이런 프로젝트를 시작했는지, 이것 말고도 또 다른 광고나 캠페인 시리즈가 있는지, 결과적으로 이 활동을 통해 얻으려고 하는 것은 무엇인지 나름의 유추가 끝도 없이 이어지죠. 회사 불평이나 커리어 고민을 하다가도 '근데 잠깐만, 나 이거 사진 한 장만 찍어놓을게'라며 감각적인 디자인의 메뉴판을 촬영하는 친구를 볼 때면 어쩔 수 없는 천직이다 싶기도 합니다.

저 또한 마찬가지입니다. 특히 좋은 브랜드를 만날 때 더 그렇고요. 기획물 중에서도 브랜드는 '구조'를 공부하기 참 좋은 수업 자료입니다. 그래서 훌륭한 브랜드를 가리켜 잘 '정립定立'된 브랜드라고 하는 것인지도 모르겠어요. 탄탄한 가치관으로 바닥을 다지고 그 위에 꼭 필요한 양질의 요소들로 기둥을 세운 다음, 사람들의 눈과 손이 직접 닿는 곳곳을 매끄럽게 마무리하는 일련의 과정이 바로 브랜딩이니 말입니다.

좋은 브랜드를 하나하나 분해하듯 살펴보면 감탄과 존경심이 번갈아 일어나곤 합니다.

100년을 훌쩍 넘는 위대한 브랜드들도 좋아하지만 최근에는 작고 민첩한 브랜드들에 더 관심이 가더라고요. 특히 여행지에서 멋진 로컬 브랜드를 만나는 것은 더 없는 행운이죠. 그때 시간이 촉박하니 최대한 많이 찍고 기록하려고 노력합니다. 매장 직원이나 주인으로 보이는 사람을 붙잡고 질문도 쏟아내고요.

그럴 때마다 느끼는 것이 하나 있습니다. 좋은 브랜드는 사장, 직원 구분 없이 모두가 자신의 브랜드에 대해 하나부터 열까지 잘 이해하고 있다는 것이죠. 그뿐인가요. 브랜드를 지탱하는 철학과 가치관도 서로 완벽하게 공유하고 있습니다. 마치 각자 머릿속에 거대한 도면이 들어 있는 것처럼요.

유형이 아닌 무형의 기획물에도 구조가 있습니다. 가볍게 볼 수 있는 영상 한 편에도 수없이 많은 구성 요소가 구조적으로 배열되어 있죠. 편집자가 어디에서 효과음을 주고 어떤 자막을 입힐지, 어떤 부분을 살리고 어느 지점을 도려낼지 그 구조를 잘 짜지 않으면 좋은 영상이 될 수 없습니다. 콘텐츠를 떠받치는 구조가 허술하면 시청자나 독자는 단번에 알아차리거든요. '별로야. 재미없어' 냉정한 이 한마디 평가 속에 구조적 결함이 모두 녹아 있으니까요.

요리를 먹을 때도 비슷한 감정을 느낍니다. 특히 저는 일식 초밥 코스인 '스시 오마카세'를 좋아하는데요. 무엇보다 그 안에 담긴 음식의 구조적 모습이 인상적이기 때문입니다.

오마카세는 일본어로 '맡기다'라는 뜻의 '마카세루任せる' 앞에 존경의 의미인 '오お'를 붙인 말로, 요리사에게 메뉴 선택의 전권을 맡기는 코스 요리입니다. 쉽게 말해, 주는 대로 먹어야 하는 것이죠.

요리사는 식재료 선택부터 전반적인 메뉴를 구성함은 물론이고 중간중간 어떤 음식으로 쉬어가는 타이밍을 줘야 할지까지 고민합니다. 기름진 생선이 한꺼번에 몰리지 않도록 신경쓰고, 앞에 나온 음식의 잔향이 이어지는 음식의 맛에 영향을 주지 않게 코스를 구성하죠. 게다가 손님마다 선호하는 재료와 스타일이 제각각이기 때문에 만족스러운 식사를 위해서는 요리 전체의 구조를 정말 잘 짜야 하는 분야입니다. 입 안에 있는 음식 맛을 음미하는 미시적 재미만큼이나 전체 과정을 보는 거시적 재미까지 있으니 사랑하지 않을 수 없는 요리죠.

▌좋은 구조를 가진 텍스트

'기획된 모든 것은 구조를 가지고 있다. 그러니 항상 구조를 보는 연습을 하자.'

스스로 자주 떠올리는 말입니다. 그리고 저뿐만 아니라 기획자라면 누구나 구조에 관심을 가져야 한다고 봅니다. 뜯어보고, 비교해보고, 더 나은 것은 없을지 고민해보는 것이 기획 일을 하는 사람의 기본 태도라고 생각하거든요.

저는 텍스트를 좋아하는 만큼 책이나 신문 기사, 카피 한 줄에 이르기까지 글의 구조를 들여다보는 것을 즐깁니다. 특히 책의 경우 주제와 메시지를 중심으로 글을 풀어가는 형식을 주의 깊게 살펴보죠. 명확하게 주장을 펼치는 스타일인지 아니면 자연스럽게 의중이 드러나도록 하는 편인지, 경험담 위주로 공감을 끌어내는지 논리와 근거로 팩트 폭력을 가하는지를 구분해가며 읽는 것이 흥미롭습니다.

잊을만하면 책의 주제를 다시 한번 상기시켜주는 작품도 있고, 독자가 직접 생각을 발전해가도록 길을 열어놓은 구조의 책도 있습니다. 특히 문학은 구조들이 매우 자유롭고 실험적이라 더 재미있죠. 수능 공부할 때는 국어영역 작품들의 구조를 공부하는 게 그렇게도 따분할 수가 없었는데 이제서야 그 참맛을 알아가나 봅니다. (하긴 참고서에 구조에 대한 설명이 떡하니 먼저 나오니 더 흥미가 없을 수밖에요. 남이 만들어놓은 레고를 감상만 하면 무슨 재미겠습니까.)

반대로 신문기사는 자의 반 타의 반으로 읽는 경우가 많은데요, 페이스북 뉴스피드를 내리다가 제목 장사에 낚여서 클릭하는 경우도 있고 회사 동료들이 있는 단체 채팅방에 공유되는 주요 기사들로 뉴스를 접하기도 하죠. 절반 이상은 헤드라인만 읽고 넘어가니 그중 완독하는 기사는 5퍼센트나 될까 싶습니다.

대신 기획 기사나 매거진은 굉장히 좋아합니다. 특히 대담 형식으로 풀어가는 명장들과의 인터뷰는 거의 빼먹지 않고 보는 편인데요, 큰 담론 아래 치열한 취재를 바탕으로 다년간의 흐름을 분석한 글들은 읽는 내내 감탄을 멈추지 못합니다. 그런 글은 그 구조가 매우 입체적으로 보이기까지 하죠. 기사를 읽으며 더 이상 '왜?'라는 반문이 나오지 않을 정도로 잘 짜여진 글은 언제나 큰 희열을 줍니다.

　개인적으로는 광고 카피처럼 짧지만 임팩트 있는 글의 구조를 가장 좋아합니다. 저는 광고는 물론이고 상품 소개서에 쓰인 문구들도 꼼꼼히 읽어보며 하나하나 분해해보는데요, 특히 카피의 경우는 텍스트로 쓰여 있더라도 꼭 입으로 소리 내 읽어보는 편입니다. 눈으로 맞닥뜨릴 때와 입에서 발음해볼 때의 질감은 꽤 많이 다르거든요.

　아마도 마케팅이나 상품기획을 하는 분이라면 상세 페이지를 기획할 일이 많을 텐데요, 디자인을 적용하기 전이나 혹은 정식 오픈하기 전에 가능한 내가 쓴 모든 텍스트를 소리 내어 읽어보시길 권합니다. 눈으로 읽어 내려갈 때는 발견하지 못했던 이질감이 느껴진다면 곧바로 수정하길 권하고요.

　대부분의 카피는 긴 글에 비해 훨씬 압축적입니다. 그러니 구조가 체계적이지 않으면 더 쉽게 무너질 수 있죠. 웹페이지 광고 문구는 최신 유행어로 도배해놓고 정작 랜딩 페이지를 클릭해보면 전혀 맞지 않은 톤 앤 매너와 화법이 전개되고 있는 케이스를 많이 봅니다. 실망과 안타까움이 솟구치는 때가 바로 이때죠.

말과 글도 기능이자 UX입니다. 마케터나 카피라이터가 구조를 무시한 채 자기 흥에 취해 쓴 글은 수명이 짧고 효과가 작을 수밖에 없어요. 그러니 남이 쓴 카피를 보건 내가 쓴 카피를 리뷰하건 간에 반드시 구조적 분석을 해보시길 바랍니다. 그리고 그 단어와 문장이 그 위치에 있어야 할 이유를 찾아내 보고요.

많은 사람들이 기획을 세분화하고 그 안에서 또 이과, 문과의 특성을 구분하곤 합니다. '나는 기능 기획을 하니까 논리적이어야 하고 너는 콘텐츠 기획을 하니까 말랑말랑한 감성이어야 해'라는 식이죠.

하지만 어떤 기획을 하건 간에 구조적 밑그림을 그리지 않고서는 뼈대를 세울 수 없습니다. 이를 위해서는 다양한 구조들을 많이 들여다보는 수밖에 없고요.

현상의 이면을 궁금해하는 사람, 동작하는 원리와 그 체계가 알고 싶은 사람, 밑단의 큰 구조가 보고 싶은 사람. 저는 그런 사람들이 더 새롭고 단단한 무엇인가를 기획해낼 수 있다고 믿습니다. 그러니 끊임없이 질문을 던져보세요. 요놈은 또 어떤 구조인가 하고 말입니다.

"그럼 이건 OO 님이 한번 디벨롭해주세요."

혹시 회의 때 이런 말씀 많이 듣지 않나요? 저는 이 말이 '구조를 만들어 보라'는 의미라고 생각합니다. 아이디어를 실행 가능한 수준에 올리려면 구조적인 기획이 반드시 필요하니까요.
그런 차원에서 '디벨롭'이란 단순히 크기를 키우는 것이 아닌, 흩어진 것들을 모아 짜임새를 갖추는 과정일지도 모릅니다.

모두가 에디터인 세상 ────────

여러분은 동경하는 직업이 있으신가요? 아니면 존경하는 직업은요?

　저는 새로운 직업군의 사람들을 만나는 것을 무척 좋아합니다. 저와 비슷한 시간에 출근하고 퇴근하는 데도 전혀 다른 세상 속에서 일하는 사람이 있고 아예 일하는 문화, 시간대, 방식, 철학이 모두 반대편에 있는 직업도 있으니까요. 그런 낯선 세계를 업業으로 삼고 사는 사람들이 항상 궁금합니다. 일종의 저만의 '탐구 생활'인 거죠.

　그렇게 어떤 직업을 깊이 들여다보게 되면 늘 두 가지 마음이 생기는 것 같아요. '나도 한 번쯤은 저런 일을 해보고 싶다'라는 생각이 들면 동경심이, '와 나는 죽었다 깨어나도 저 일은 못하겠다' 싶으면 존경심이 생기곤 합니다.

제가 하는 일 중엔 공간 기획 업무도 있습니다. 회사 내외부에 필요한 공간들의 콘셉트를 기획하고 브랜딩하는 일이죠. 덕분에 사내 건축팀과 밀접하게 일할 기회가 많은데요, 무척어렵지만 정말 좋아하는 일 중 하나입니다.

저는 어릴 때부터 뭔가를 손으로 만들거나 쌓는 일보다는 글이나 그림으로 풀어내는 것을 좋아했습니다. 돌이켜보면 또래들이 죽고 못 사는 레고나 그 당시 유행했던 과학 상자 같은 것에도 큰 욕심을 부리지는 않았던 것 같아요. 대신 만화책을 보거나 잡지를 모으는 것에 더 흥미를 느꼈습니다.

비록 제게 재능이 없는 분야라지만 저는 늘 건축가들을 존경했습니다. (아니, 어쩌면 그래서 더 존경했는지도 모르겠어요.) 특히 여행을 다니며 다양한 건축물을 볼 때면 감탄과 동시에 경외심이 들곤 하거든요. '저 웅장하고 멋진 외관 이면엔 얼마나 많은 수학 공식과 물리 법칙들이 신체 조직처럼 엮여 있을까' 하는 생각이 머리를 스치면 절로 고개가 가로 저어집니다.

'역시 나는 못하겠다…'

반면 한 번쯤 꼭 해보고 싶은 일도 있습니다. 바로 '에디터'

에요.

저는 에디터라는 직업 세계를 동경합니다. 사실 어떻게 정의하느냐부터가 좀 애매할 수 있는데요, 과거에는 흔히 출판사나 언론사에서 편집 권한을 가지고 콘텐츠를 기획, 구성하는 사람들을 에디터라고 불렀습니다.

하지만 요즘은 그 범위가 넓어져 누구라도 자신의 시각으로 선별하고 구성한 것이 있다면 이를 에디터의 영역으로 봅니다. 작은 소품 숍을 운영하는 주인이 자기가 직접 셀렉트한 물건들로 공간을 채우는 일 역시 편집자, 즉 에디터의 일이라고 할 수 있는 거죠.

매거진 〈B〉 편집부에서 발행하는 직업에 관한 책 《잡스 - 에디터》 편에서는 "좋아하는 것으로부터 좋은 것을 골라내는 사람"이라는 표현으로 에디터를 규정하기도 했는데요, 개인적으로 '편집'의 영역이 무한하게 확장될 수 있음을 잘 보여주는 좋은 정의라고 생각합니다.

▌에디터는 자신이 버린 것들 속에서 큰다

그런 제게 에디터에 대한 가장 큰 직업의식을 심어주신 분이 있었습니다. 다름 아닌 을지로에 있는 어느 인쇄소 사장님이셨죠. 당시 저는 담당하던 서비스의 아카이빙 자료를 한데 모아 책으로 엮는 업무를 맡았습니다. 지난한 편집 과정을 거치고 최종 산출물을 평가하기 위해 제작 업체와 함께 인쇄소를 방문했을 때였죠. 저희의 까다로운 요구들에 혹시라도 심기가 불편하진 않으셨을까 싶어 인쇄소 사장님께 먼저 죄송스러운 마음을 표했습니다. 하지만 그분의 대답이 뜻밖이었어요.

"걱정 말아요. 내가 왕년에는 신문 조판만 수십 년 했던 사람이라 이 정도 수정 요청에는 끄덕도 안 해요. 비록 나는 찍어내는 사람이지만, 찍다 보면 편집한 사람의 고뇌가 다 보이거든. 이 판 하나 살리려고 도려낸 것들이 얼마나 많을까 생각하면 그 고통 말로 못 하지.
근데 또 그게 아이러니야. 편집하는 사람은 '자기가 버린 것'들 속에서 크는 법이니까. 맘에 쏙 들어도 이런저런 이유들로 버려져야 했던 애들이 결국 나를 더 단단하게 만들어주는 거라고."

무겁고 차가운 기계 소리들 사이에서도 사장님의 이 말들은 왜곡이나 이탈 하나 없이 제 귀에 들어와 박혔습니다. 마치 저희의 작업 과정을 옆에서 내내 지켜보신 것처럼 말씀해주신 덕분에 그 자리에 있던 담당자들이 서로 머쓱하게 웃기까지 했죠. 역시 편집의 영역은 피 땀 눈물 없이는 들여다볼 수 없다더니 그 말이 맞구나 싶었습니다.

그전까지는 에디터가 단순히 무엇인가를 모으고, 고르고, 추천하는 사람이라고만 생각했던 제게 에디터는 '버리고 또 버려야 하는 사람'이라는 새로운 관점이 하나 추가된 것이죠. 이렇게 쌓인 직업적 단상들이야말로 그 세계를 동경하게 만들고 우리로 하여금 또 하루를 열심히 일하게 해주는 것 아닐까 싶습니다.

사실 저는 대부분의 사람이 에디터의 영역에서 일하고 있다고 봅니다. 정확히는 더 나은 것을 찾고 선택하는 모든 일이 편집인 것 같아요. 매장 문을 열며 쇼윈도의 마네킹에 어떤 옷을 입힐지 고민하는 것도, 내일 구내식당의 식단을 어떻게 구성할지 논의하는 것도 모두 편집의 영역이죠.

하지만 '편집자적 시각'을 갖는다는 것은 또 다른 문제인 것 같습니다. 단순히 취향과 입맛에 맞는 것을 골라 나열하는 게 편집은 아니니까요. 많은 일들이 편집의 영역에 속해 있지만 편집을 제대로 해내는 것은 큰 과제임이 틀림없습니다. 따라서 좋은 에디팅Editing을 위해서는 늘 훈련이 필요하죠.

저는 편집자적 시각이 크게 세 가지라고 생각합니다.

어떤 관점으로 바라볼 것인가?
어디에 주목할 것인가?
어떻게 엮어낼 것인가?

어떤 사람의 눈으로 어디에 초점을 맞추는지, 그렇게 선택한 것들을 어떻게 구성해내는지. 그게 바로 에디팅의 본질이니 말입니다. 이렇게 만든Made 사람과 쓰는Use 사람 사이에 '고르고 다듬고 정리한' 사람의 숨결을 느낄 수 있다는 게 편집의 진정한 묘미라고 봅니다.

▎관점: 태도에 대하여

흔한 얘기지만 '어떻게 바라보느냐에 따라서 그 대상도 달리 보이는 법'입니다.

하지만 이 말이 쉽게 와닿지는 않죠. 새로운 시각을 갖고 싶다고 해서 하루아침에 혜안이 생길 리는 만무하니까요.

　그럼 말을 조금 비틀어볼까요? '어디서 바라보느냐'의 문제로 접근해보는 겁니다. 늘 내가 서 있던 자리에서 벗어나 다른 위치에서 무엇인가를 바라보면 새로운 면이 보이기 마련이죠. 그래서 관점은 늘 태도의 문제와 맞닿아 있다고 생각합니다. 같은 것이라도 다양한 위치에서 다르게 바라볼 수 있는 자세, 그 태도를 유지하는 게 정말 중요한 것 같거든요.

　간혹 일은 곧잘 하는데 늘 본인이 익숙한 방식으로만 문제에 접근하고 풀어가는 사람들을 봅니다. 함께 일하기에 편하긴 하지만 많은 가능성을 놓치게 되는 게 무척 아쉽죠. 한 발자국도 움직이지 않으면서 '여기선 그게 안 보여요'라고 말하는 것은 관점의 모순이니까요.

　위치를 옮긴다는 건 바꿔 말해 다른 사람이 되어본다는 말이기도 합니다. '저 사람이 서 있는 위치에서 이걸 본다면 어떨까.' 그렇게 관점을 이동하며 문제에 접근하면 평소에는 발견하지 못했던 포인트들이 레이더에 포착되거든요.

　이를 위해선 직접 사람들을 인터뷰해 이야기를 들어보는 것이 가장 좋은 방법이지만 현실적으로 한계가 있습니다. 그래서 저는 어떤 인물이나 특정 분야에 관심을 가지면 그 사람들이 쓴 책 혹은 추천한 책들을 보며 관점을 이동시키는 연습을 합니다. 그들이 풀어놓은 이야기를 따라서, 그들의 렌즈를 통해 바라보는 것이죠.

우아한 형제들의 김봉진 대표님은 SNS를 통해 늘 책 이야기를 하십니다. 책에 관해 포스팅하는 사람들은 많지만 김봉진 대표님이 책을 보는 관점은 조금 다른 것 같아요. 항상 '일'과 '사람', '사회'에 대한 밸런스를 유지하며 책을 읽으신다는 느낌을 받거든요.

기업의 본질인 경영도 중요하지만 내 구성원들을 어떻게 대하고 성장시킬 것인지, 나아가 나와 우리는 사회에 어떤 존재가 되어야 하는지를 끊임없이 고민하는 흔적이 보입니다. 그래서 한때는 김봉진 대표님이 추천하는 책들을 따라서 함께 읽어본 적도 있어요. 그럴 때면 서로 다른 회사에 있지만 마치 카페에서 만나 긴 이야기를 나눈 사이처럼 그 사람의 렌즈를 잠시 빌려 쓴 느낌이 듭니다. 푸드테크 스타트업의 대표이자 더 나은 사회를 위한 실천가이면서 책을 사랑하는 애독가로 저를 '위치 이동'시켜보는 거죠. 그럼 자연스레 관점도 따라 이동하게 됩니다.

▍주목: 선택에 대하여

자, 새로운 시각으로 무엇인가를 바라보기로 마음먹었다면 그다음 과제가 있습니다. 바로 '무엇에 초점을 맞출 것인가?' 이죠. 카메라 렌즈를 통해 이리저리 세상 구경을 하다 보면 줌을 확 당겨서 자세히 들여다보고 싶은 게 생깁니다. 그 찰나가 마음에 들면 셔터까지 누르게 되고요. 자연스러운 흐름 같지만 이 시퀀스도 결국 편집의 과정입니다. 어떻게 바라보느냐에 따라서 무엇을 담고 싶은지도 달라지게 되거든요.

여행을 예로 들어볼까요? 스페인 바르셀로나를 다녀온 사람들에게 그 도시는 무엇으로 기억될까요? 누군가에게는 천재 건축가 가우디의 흔적들로, 누군가에게는 세계 최고의 축구 클럽 중 하나인 FC 바르셀로나의 경기들로, 누군가에게는 빠에야와 하몽과 샹그리아로, 누군가에게는 물감처럼 파란 하늘과 축제 분위기로 기억되겠죠.

각자가 셔터를 누른 순간들이 모두 다르기 때문입니다. '가장 인상 깊은 순간'이라는 것은 어쩌면 '내가 주목하고 선택한 순간'일지도 모르니까요. 어느 한 포인트가 그 전체를 집어삼키는 마법이 일어나는 때가 바로 이 때죠.

이는 편집된 무엇인가를 고를 때 가장 중요한 부분인 것도 같아요. 이 에디터는 왜 여기에 주목했을까. 어떤 특별함을 느꼈기에 여기서 출발해보자고 생각했을까. 그 과정을 상상하는 것 자체가 편집자적 시각을 한 뼘 더 성장시킨다고 생각합니다.

그러니 내가 선택한 것이든 남이 선택한 것이든 그 이유에 대해 늘 질문해보는 것이 좋습니다. 편집은 상호 소통이거든요. 다른 사람이 선택해놓은 것들 중에서 내가 다시 하나를 선택해야 하잖아요. 서로의 이유가 꼭 일치해야 할 필요는 없지만 적어도 확인하고 넘어갈 가치는 있다고 생각합니다. 이 연습이 반복되면 나 역시 좋은 에디터로서의 자세를 갖게 되는 거니까요.

▎구성: 배치에 관하여

영화 〈기생충〉은 해석의 요소들이 정말 많은 영화입니다. 볼 때마다 새로운 감탄을 자아내죠. (저도 한 4번 정도 본 것 같네요.)

그중 제가 가장 좋아하는 포인트는 영화 전반에 깔린 '수직구조'입니다. 흔히 계급 간의 차이를 나타내는 '위아래'라는 비유를 실제 화면 속에서 모두 엮어낸 것이죠.

가난한 사람들이 부잣집으로 가기 위한 각종 동선들은 물론, 소파 위에 앉아 있는 부부와 바닥에 몸을 숨기고 있는 가족, 거대한 저택과 그 아래 또 다른 의미의 집까지. 영화 곳곳에 수직의 구조들을 잘 배치해놓고 있습니다.

특히 부유한 계층을 상징하는 박사장(이선균)이란 인물은 극 중에서 '선을 넘다'라는 말을 자주 하는데요, 신기하게도 영화 속 캐릭터들이 수평적으로 선을 넘을 때는 그나마 해프닝으로 끝나지만 수직적으로 선을 넘는 순간 돌이킬 수 없는 사건들이 발생합니다. 이 영화의 관전 포인트이기도 하죠. (자세한 이야기를 하고 싶지만 아직 못 보신 분들을 위해….)

이처럼 에디팅의 화룡점정은 다름 아닌 '배치'에 있다고 생각합니다. '어디에 놓을 것인가' 그리고 '어떻게 보이게 할 것인가'에 관한 문제죠. 마치 미술관에서 작품들을 순서에 맞게 전시하고, 화살표를 이용해 동선에 따라 감상할 수 있게 하는 것처럼요. 내가 선택하고 고른 것들이 어떤 방식으로 소비되면 좋겠는지를 결정하는 과정이라 할 수 있겠네요. 그러니 빈부격차, 계급갈등이라는 한없이 오래된 소재도 봉준호 감독이 설계한 '수직 구조'를 따라가다 보면 또 다른 생명력을 얻을 수 있는 거죠.

앞에서 설명한 '관점'과 '주목'의 단계가 다른 대상을 관찰하는 것이었다면, '배치'만큼은 에디터의 주도적 역할이 큰 단계입니다. 따라서 직접 배열하고 부수고 다시 배열하는 인고의 과정을 거쳐야 함이 분명하죠.

저는 오히려 생활 속에서 자연스럽게 만날 수 있는 방법들로 이 '배치'에 대한 감각을 기르는 것 같습니다.

가장 자주 하는 것은 바로 선곡 플레이리스트를 짜는 거예요. 저는 출퇴근길에 들을 음악을 틈틈이 정리해두는 편입니다. 보통 한 플레이리스트 당 15곡 정도를 고르는데 그날 그날 기분에 따른 테마를 생각하면서 선택하죠.

이때도 가장 중요한 것은 '배치'입니다. 첫 곡은 이 곡이었으면 하고 마지막 곡은 이런 느낌을 주었으면 좋겠다는 식으로요. 한 가수의 음악이 너무 자주 반복되지 않게도 해보고 간혹 예측하지 못한 곡들을 끼워 넣기도 합니다. 마치 누군가에게 들려주기 위해 만드는 선곡표처럼 말이죠. 필요에 따라 해시태그를 붙여 저장해놓을 때도 있어요. (#여름밤_테라스에서_듣기좋은 #캐럴은_원래_2월까지_아닌가 #월요일을_금요일처럼_바꿔줄_노래)

또 누군가에게 책을 추천해줄 때도 함께 읽으면 좋을 책들을 엮어서 추천해줍니다. 읽는 사람이 그대로 따라 할지 아닐지는 모르겠지만 제가 직접 에디터가 되어 '독서 플레이리스트'를 짜주는 것이죠.

코로나19 때문에 여행을 가지 못해 우울해하는 친구에게는 여행이란 관점을 다시 생각해볼 수 있는 책들을 추천했습니다. 제가 가장 좋아하는 책 중 하나이자 여행에 대한 본질을 일깨워준 알랭 드 보통의《여행의 기술》을 한 권, 익숙한 것도 낯설게 바라보면 여행이 될 수 있으니까 그 메시지를 담은《모든 요일의 여행》을 또 한 권, 마지막으로 여행을 기억하는 방법을 아름다운 스케치들과 함께 녹여낸《아무것도 하지 않아도 괜찮은》도 한 권.

이렇게 책 리스트를 엮어서 건네면 마치 작은 독립서점의 주인이 된 것 같은 기분입니다. 흡사 '오늘의 책' 코너에 올려놓은 나만의 섹션을, 손님들은 어떻게 받아들일까 하는 심정과도 같달까요.

평소의 순간들을 에디팅하는 버릇도 어쩌면 이런 느낌을 자주 받고 싶어서인지 모르겠습니다.

바야흐로 트위터에 올리는 140자의 짧은 글도, 인스타그램에 차곡차곡 쌓이는 피드들도 모두 편집이 필요한 시대입니다. 누구나 에디터가 될 수 있고 그래야만 하는 세상, 편집된 것이 다시 편집되어 또 다른 의미를 갖는 세상인 것이죠. 그 속에서 살아가기 위해서는 편집자적 관점을 갖춘 사람들이 확실히 유리합니다.

일본의 크리에이터이자 편집가이며《편집의 즐거움》이란 책을 쓴 스가쓰케 마사노부는 이렇게 말했습니다.

"앞으로의 시대에는 기자보다 편집자의 가치가 더 높아질 것이다. (중략) 게다가 각 분야의 경계가 점점 흐릿해져서 다양한 분야를 연결해 의미를 창출할 수 있는 시대다. 그래서 편집자는 이 좋은 재료를 활용할 줄 아는 요리사가 되어야 한다. 칼질 전문, 밥 짓기 전문처럼 장인의 방식이 아니라 자르고, 굽고, 짓고, 담아내는 모든 걸 해낼 요리사의 재능을 가진 사람의 가치가 비약적으로 올라갈 것이다." -《앞으로의 교양》, 스가쓰케 마사노부, 항해, p. 26

개인적으로 편집을 '기술'이 아닌 '과정'이라고 생각하는 이유도 이와 같습니다. 세련된 스킬보다는 한 사람의 이야기에 가깝고, 일인자가 군림하기보다는 다양한 스타일이 함께 공존하며 서로에게 영향을 주는 게 에디터의 세계니까요.

아마 을지로 인쇄소 사장님이 저희를 이해해주신 것도 그 공감대가 있었기 때문일 겁니다. 그저 인쇄 일감을 맡기러 온 고객이기 이전에 나름의 치열한 고민을 거쳐 무엇인가를 편집해낸, 한 명의 에디터로서 봐주셨던 것이죠. 그때의 기억이 편집자적 관점을 갖는 데 더 애착을 느끼게 한 것 같고요.

이래서 자꾸 동경하게 되나 봅니다. 일도 멋진데 그 일을 하는 사람들까지 멋지니 말입니다.

BOOK MARK

자기소개서를 쓰라고 하면 늘 어렵죠? 가만히 생각해보면 자기소개서 만큼 에디팅을 잘해야 하는 것도 없는 것 같습니다.
나라는 사람을 어떻게 바라볼 것인지(관점), 그 속에서 어떤 능력과 장점을 끄집어낼 것인지(주목), 마지막으로 내 경험과 이야기들을 어떻게 엮어 배치할 것인지(구성)에 대한 거니까요.
'내 인생에는 특별한 게 없어'라고 생각하셨다면, 우선 작은 경험들이라도 자르고, 굽고, 짓고, 담아내는 과정을 반복해보는 것이 어떨까요. 내 삶의 주인공도 나지만, 내 삶의 에디터 또한 나니까 말입니다.

예전에 한 행사에 참석했을 때 '퀘스천 쿠키Question Cookie'라
는 걸 받은 적이 있습니다.

포춘 쿠키를 살짝 비튼 것인데 쿠키를 까면 그 안에 한 번쯤
생각해볼 만한 질문이 담긴 종이가 랜덤으로 나옵니다.

'한 시간 안에 1000만 원을 써야 한다면 지금 당장 뭘 하실
건가요?'

'최근 한 달 동안 당신이 가장 많이 말한 단어는 무엇이었을
까요?'

같은 질문들이었죠. 짧은 한 문장이지만 의외로 선뜻 대답
하기 힘든 것들입니다. 포춘 쿠키가 '운'에 기대야 한다면 '퀘
스천 쿠키'는 생각에 기대야 하는 점이 조금 다르죠. 요란하

지 않게 사람을 이끄는 이런 요소들을 저는 참 좋아합니다.

'당신에게 좋은 영향을 주는 사람은 어떤 사람들인가요?'

제가 고른 퀘스천 쿠키는 저에게 이렇게 물었습니다. (역시 쉽지 않죠?) 행사 시작 전 아이스 브레이킹용으로 준비된 이벤트였는데 꽤 오랫동안 그 질문이 머릿속을 떠나지 않았습니다. 좋은 영향을 주는 사람이 누구인지 딱 집어 말하라는 것도 아니고 어떤 유형의 사람들인지 그 특성을 묻다니. 저로 하여금 고민의 점도를 더 높게 만들어버렸습니다.

하지만 고심 끝에 답을 찾았죠.

저는 루틴Routine을 가진 사람들에게 늘 좋은 영향을 받았던 것 같습니다.

사실 루틴에 대해서 이야기하자면 서두가 좀 길어집니다. 의아하게도 우리나라에서는 '루틴'이란 용어가 많은 누명을 쓰고 있거든요. 단순히 따분한 일상의 순간들로만 생각하거나 징크스 혹은 미신(?)에 가까운 의미로 해석되기도 하죠.

때때로 루틴은 습관과 비슷한 개념으로 사용될 때도 있습니다. 하지만 습관과 루틴 사이에는 큰 차이가 존재해요. 우선 습관은 의식적으로 만들기도 하지만 무의식적으로 생겨나기도 합니다. 남이 발견해줘야만 뒤늦게 습관인 줄 알아차리는 것들도 있죠. 또한 좋은 쪽으로 길러지기도, 나쁜 쪽으로 굳어버리기도 하는 것이 습관입니다.

　반대로 루틴은 좋은 결과를 위해 의도적으로 설계한 행동들을 반복하는 것입니다. 스포츠를 떠올리면 아주 쉬운데요, 선수들이 경기 시작 전 몸을 풀고 정신을 가다듬으며 최상의 컨디션을 기억해내기 위해 각자의 방식으로 준비하는 모든 것이 루틴에 해당합니다.

　NBA 역사상 최고의 3점 슈터라는 스테판 커리는 정교한 루틴을 가진 것으로도 매우 유명한데요, 경기 시작 전 훈련에 들어가면 자신이 경기에서 자주 사용하는 모든 기술을 짜여진 순서와 개수대로 정확히 연습한다고 하죠. 그리고 전매특허인 3점 슛 연습을 위해서 모든 지점의 슛 라인에서 공을 던져보며 감각을 끌어올린다고 합니다. 그가 경기 시작 전 던지는 슛의 양만 110개 정도라니 상상을 초월하죠.

　또 심리 조절을 위해 경기 직전에는 늘 자신이 좋아하는 팝콘을 한 주먹 집어먹고서 경기를 시작합니다. 이 루틴을 무려 17년간 이어왔는데 지금도 계속 연구하며 발전시키고 있다고 하네요.

제가 루틴을 매우 긍정적으로 바라보는 것도 이런 이유에서입니다.

잘하고 싶은 마음-이를 달성하기 위한 계획-생활 속에서 실천하려는 노력-부단한 반복을 통해 자기 것으로 만드는 성과까지. 루틴을 가진다는 게 말처럼 쉬운 건 아니거든요. 그래서 전 늘 루틴이 훌륭한 사람들에게서 새로운 자극을 받습니다.

▌대단해서가 아니야, 독해서가 아니라고!

몇 년 전으로 기억하는데요, 당시 새로운 서비스를 기획하기 위해 개발자, 디자이너, 서비스 기획자, 브랜드 마케터들이 한데 모여 초기 콘셉트 회의를 진행한 적이 있습니다. 최근 들어서는 상품이나 서비스를 기획할 때 관련한 모든 사람들이 첫 단계부터 직접 관여하도록 하는 경우가 많죠.

하지만 사실 본인의 업무 범위가 아니고서는 그 집중도가 좀 흐트러지기 마련입니다. 저만해도 개발자들 사이에 전문적인 이야기가 오갈 때면 '이따 점심 뭐 먹지?' 하는 생각이 본능적으로 떠오르거든요.

그런데 그 프로젝트에 참여한 많은 사람들 중 참 공손하면서도 열정적인 개발자가 한 분 있었습니다. 나이도 지긋하신 공학 박사님이셨는데 언제나 모든 어젠다에 집중하고 참여하는 모습에 좋은 인상을 받았던 참이었죠. 하루는 회의가 끝나고 모두 각자의 자리로 돌아가는데 그분이 저를 불러 세우시더군요. 아까 개발 얘기하실 때 내가 점심 메뉴 생각하는 걸 알아차리셨나 싶어 제 발 저리는 와중에 이런 말을 하셨습니다.

"도영 님, 저 한 가지 개인적인 부탁을 드려도 될까요? 사실 제가 매번 연구 쪽에서만 일을 해서 이렇게 브랜딩이나 마케팅 기획하는 사람과는 처음 협업을 해보거든요. 그런데 같이 일하다 보니 그 분야도 굉장히 흥미로운 것 같은데 제가 관련 지식이 전혀 없어서요. 혹시 실례가 안 된다면 초보자가 읽기 좋은 마케팅 책이나 팟캐스트 같은 걸 좀 추천해주실 수 있을까요?"

저보다 족히 열다섯 살은 많음직한 분께서 그런 말씀을 하시니 놀라지 않을 수 없었죠. 흔쾌히 제가 아는 한에서 책 여러 권과 팟캐스트, 유튜브 강의 같은 것들을 정리해 메일로 보내드렸습니다. 하지만 큰 기대는 하지 않았어요. '설마 이걸 다 보실까' 하는 생각도 드는 데다 한편으로는 '나중에 다 보고 나서 브랜딩도 마케팅도 별거 없네 하시는 거 아냐' 싶은 마음도 있었죠. 그렇게 기억의 한 곳으로 넣어두고서 2년 정도가 지난 무렵, 우연히 다른 프로젝트에서 또 그분과 함께 작업할 일이 생겼습니다. 반가운 마음에 인사를 건넸더니 돌아오는 대답에 깜짝 놀라고 말았죠.

"그때 추천해주신 책들과 콘텐츠 너무 좋더라고요. 지금도 아침 출근길에 늘 그 팟캐스트를 들어요."

까맣게 잊었던 기억이 다시금 고개를 들자 궁금함이 생겼습니다. 그래서 함께 점심 식사를 하며 자세한 이야기를 들어보기로 했죠.

그분의 지난 2년은 이랬습니다. 제가 추천드린 책들을 읽고 브랜딩이라는 것에 흥미가 생겨 관련 팟캐스트와 영상들을 모조리 다 섭렵했다고 하더군요. 그런데 어린 자녀가 셋이나 있는 터라 집에서는 책을 보거나 이어폰을 꽂고 있기가 쉽지 않아 자신만의 루틴을 정했다고 했습니다.

우선 아침에 걸어서 출근하는 25분 동안 팟캐스트 방송을 꼭 하나씩 듣고 그 팟캐스트에서 추천하는 책들은 모두 샀다고 했습니다. 그리고 점심 식사 후 동료들이 커피를 마시는 시간에 본인은 빈 회의실에 들어가 20~30분 정도 책을 읽었다고 하더군요. 그렇게 새로 알게 된 지식들을 메모 앱에 차곡차곡 저장해둔 다음, 밤에 재활용 분리수거를 하고 돌아오는 엘리베이터 안에서 한번 눈으로 쓰윽 읽어보는 방식으로 공부했다고 합니다. 무려 2년 동안을 말이죠.

저는 느꼈죠. 이분이 공학을 전공하지 않고 농구를 했으면 스테판 커리도 긴장했어야 했다고 말입니다. 본인의 전공과 동떨어진 분야까지도 이렇게 관심을 가지고 좋은 루틴으로 발전시킨다는 데 감사함과 존경심마저 들었습니다.

사실 루틴을 만들기 가장 어려운 이유는 지루함과 막연함 때문입니다. 매일매일 똑같은 행동을 반복해야 하는 데서 오는 지루함 그리고 '과연 이렇게 한다고 내가 정말 나아질 수 있을까' 하는 막연함 때문이죠. 그래서 루틴은 누군가가 만들어줄 수 없는 거라고 생각합니다. 어떻게든 본인의 방법으로 본인에게 맞는 루틴을 설계해야 하는 것이죠.

이런 사연을 이야기하면 주위의 반응은 대개 두 가지입니다.

"와! 그분 정말 대단하시다!" 혹은 "원래 그렇게 독하게 타고난 사람들이 있어."

글쎄요. 저는 훌륭한 루틴을 가진 사람들이 모두 독종이거나 의지의 끝판왕들이라고 보지는 않습니다. 오히려 그 반대는 많이 본 것 같네요. 본인은 몰아서 하는 것이 너무 힘들어 늘 조금씩 해놓다 보니 루틴이 완성되었다는 사람들도 있었고, 스스로의 나약함을 믿지 못해 의도적으로 루틴을 만든 사람들도 많았거든요.

▎루틴을 마주하는 우리의 자세

그럼 이제 궁금하시겠죠. '너는 얼마나 좋은 루틴을 가졌냐'부터 '그래서 어떻게 하면 훌륭한 루틴을 몸에 붙일 수 있는 건데'라고 말이죠. 사실 제가 무슨 루틴 전문가는 아니니 과학적이고 전문적인 답을 할 수는 없습니다. 하지만 루틴에 많은 관심을 가지고 좋은 루틴을 위해 노력하는 한 사람으로서 나름 제가 써먹어보고 괜찮다 싶었던 방법들을 하나씩 소개해볼까 합니다.

–

우선 저는 '네거티브 루틴'을 짜는 것이 먼저라고 생각합니다

무엇인가를 '하는 루틴'보다 '하지 않는 루틴'을 시작하는 거죠. 식이요법할 때를 한번 상상해보세요. 평소 자기 관리를 전혀 하지 않던 사람이 곧바로 모든 식단을 단백질로 바꾸고 매일 유산소 운동을 한 시간씩 할 수는 없습니다.

그 대신 '하지 않을 것'들을 루틴으로 만들어 먼저 실천해보면 어떨까요. 적어도 과자, 탄산음료, 라면만은 절대 먹지 않는다라는 전제를 세우고 실행에 옮기면 조금 쉬워지죠. (전혀 안 쉽다고요…? 그럴 수 있습니다. 우리 당황하지 말자고요.)

네거티브 루틴들을 몸에 익혀 어느 정도 생활의 디톡스를 실현했다면, 그다음 서서히 새로운 것들을 하나씩 시도해보는 겁니다. 나쁜 습관을 버리지 않고는 좋은 습관을 붙일 수 없고, 무의식적인 반복을 고치지 않고는 의식적인 루틴을 설계할 수 없으니까요.

–

다음은 '주말 루틴 만들어보기'입니다

365일 매일 실천해야 하는 루틴 말고, 주말 2~3일 혹은 특정 요일에만 할 수 있는 루틴을 먼저 기획해보는 거죠. 그럼 확실히 부담감이 적어질 겁니다.

제 지인분 중에는 토요일과 일요일 오전 시간을 이용해 글쓰기 연습을 하는 분이 있습니다. 주말에 늦잠을 자고 일어나 아침을 먹은 다음, 점심시간이 돌아오기 전까지 2~3시간 정도 글을 쓰는 연습을 하는 것이죠.

왜 이 시간을 택했냐고 물었더니 '자기 인생에서 가장 화살처럼 빨리 지나가버리는 시간대라서'라는 대답이 돌아왔습니다. 아침 먹고 나면 또 졸려서 그냥 자버리거나 TV에서 영화 소개 프로그램 하나 봤을 뿐인데 다시 점심시간이 되는 게 너무 아깝고 무서웠답니다. 그래서 그 시간에 짧은 글이라도 써보자는 마음으로 루틴을 시작한 거죠.

그러니 혹시 여러분도 주말에 조금 의미 있는 루틴을 짜보고 싶은 시간대가 있다면 그 타이밍을 공략해보는 것도 좋은 방법입니다.

—

더불어 너무 눈앞에 다가와 있는 목표로 루틴을 만들지는 않기 바랍니다

3개월 안에 외국어 점수를 얼마까지 높여야 한다거나 결혼 준비를 위해 10킬로그램 감량을 목표로 루틴을 만들면, 설사 달성했다고 해도 그 시점이 지나면 맥이 풀리거든요. 기말고사가 끝난 학기 마지막 날을 떠올려보세요. 다신 그 책과 마주하고 싶지 않잖아요.

그보다는 '건강해지기 위해서', '이 분야가 궁금해서', '시간을 알차게 보내기 위해서', '새로운 취미를 하나쯤 가지고 싶어서' 같은 길고 오래 마주할 수 있는 목표를 추천드립니다.

당장 눈앞의 결과에 좌절하지 않을 만한 분야, 더 나아가 아예 성패를 가늠할 수 없는 쪽으로 눈을 돌리는 것이죠. 그리고 '그냥 언젠가는 좋은 방향으로 작용하겠지'라는 생각으로 마음 편하게 시작하는 것이 좋습니다. 앞서 소개해드린 그 개발자 분도 뭔가 마케팅으로 새로운 학위 하나 취득하기 위해 루틴을 만든 것이 아닐 테니까요.

—

그리고 가끔 오해하는 분들이 있는데요, 루틴도 개선과 발전이 필요합니다

의미 없이 무한 반복을 하는 것은 습관이지 루틴이 아닙니다. 반복하면서 느끼고, 더 좋은 방법이 있는지 궁금해하고 조금씩 변형을 주며 발전시켜나가는 것이 훌륭한 루틴이죠.

그리고 이왕이면 혼자 하는 것을 권합니다. 사람마다 모두 자신의 리듬과 체력, 감정, 심리가 다 다른데 누군가와 같이 루틴을 만드려는 순간 이건 학습이나 훈련이 되어버리는 것 같거든요. 루틴은 자신을 좋은 방향으로 끌어가기 위한 반복인 만큼 온전히 나를 위해 기획하는 것이 좋습니다. 가능한 한 혼자만의 영역에서 자신만의 방법으로 말이죠.

▎오늘의 루틴은 책

저는 운동을 좋아해서 꽤 오랫동안 다양한 운동 루틴을 길러 왔습니다. 그런데 최근 몇 년 사이에는 책을 읽을 때도 여러 가지 루틴을 만들 수 있다는 걸 알았죠.

그중 하나는 주로 회사에서 일을 시작하기 직전에 하는 책 루틴입니다. 일을 위한 준비운동이라고 할까요? 어떤 일에 들어가기 앞서 잠깐 짬을 내어 근래 인상 깊게 읽었던 책의 일부를 다시 읽는 것이죠.

저는 이걸 '포스트잇 북'이라고 이름 지었는데요, 마치 책상 앞에 좋은 글귀나 다짐을 포스트잇에 적어놓고 가끔 들여다보듯이 책으로 그 역할을 대신하는 거예요. 이 '포스트잇 북'을 읽는 데는 채 1~2분도 걸리지 않습니다. 대신 그 효과는 매우 쏠쏠한 편이고요. 마치 스테판 커리가 경기 직전 팝콘을 먹으며 기분을 끌어올리는 루틴과 비슷한 것 같아 뿌듯함까지 느끼죠.

이 루틴이 크게 빛을 발한 기억이 있어 하나 소개할까 합니다. 한때 4~5일 정도 매일 같은 내용의 브리핑을 해야 할 때가 있었습니다. 쉽게 말해 청중만 바꿔가며 똑같은 프레젠테이션을 하는 것이었죠. 한 번 했던 것을 다시 하면 되니까 쉬운 것처럼 보여도 하루에 여러 번씩, 약 일주일을 반복한다고 생각하니 시작 전부터 따분함이 밀려들었습니다. 몇 날 며칠을 허송세월하는 듯한 기분까지 들었으니까요.

그런데 그 당시 읽고 있던《오늘의 기분은 카레》라는 책에서 우연히 이런 문장을 발견했습니다. 그리고 제 태도는 180도 달라졌죠.

"화려하진 않아도 제법 맛있는 카레를 만들고 싶다. 오늘은 어제보다 괜찮은 카레를 만들려고 애쓰고, 매일 눈물을 흘리며 양파를 썰고 볶는 삶이다. 무지개색처럼 다채로운 사람을 만나고, 다양한 기분을 마주하는 일이다. 지금까지 만난, 또 앞으로 만날 카레 가게에서 느낄 따뜻한

공기를 소중히 기억했다가 카레 레인보우를 찾는 사람
들에게 비슷한 공기를 내어주는 일을 하면 기쁠 것 같다."

– 《오늘의 기분은 카레》, 노래, 위즈덤하우스, p. 112

이 책의 저자는 적어도 하루 1번, 일 년에 300번 정도 카레
를 먹는 자타 공인 카레 애호가입니다. 나중에 본인의 가게인
'카레 레인보우'를 만든다면 이런 자세로 음식을 만들고 손님
과 마주하고 싶다는 내용을 쓴 대목이었죠.

저 글을 읽는 순간 '아, 식당이든 어디든 반복 업무를 하는
모든 사람들은 저런 마음이 아닐까' 하는 생각이 들었습니다.
문득 프레젠테이션 몇 번 반복할 생각에 귀찮음부터 느낀 제
자신이 정말 부끄러워지더군요. 그 뒤로는 매일 발표 전에 저
문장을 읽고 들어갔습니다. 그리고 저만의 레시피로 문장을
살짝 바꿨고요.

'화려하진 않아도 제법 괜찮은 발표가 될 수 있도록 노력한
다면, 오늘은 어제보다 더 나은 내용을 전달할 수 있다면, 다
채로운 사람을 만나서 다양한 피드백을 주고받는다면, 가장
적절한 표현을 골라 가장 이해하기 쉬운 방법으로 말한다면,
그리고 다음번에 나의 발표를 듣는 사람들에게도 의미 있는

메시지를 내어줄 수 있다면.'

그런 생각에 다다르면 마치 저 책 제목처럼 진짜 기분이 향긋해지는 것도 같았어요. 생각해보면 문장 몇 줄에 자세를 고쳐 잡을 수 있다는 건 꽤 의미 있는 일입니다. 그러니 루틴으로 만들지 않을 이유도 전혀 없고요.

모든 루틴이 명확한 결과로 연결될 수는 없겠지만 좋은 루틴은 좋은 결과를 위한 영양제 역할을 한다고 봅니다. 평소에 꾸준히 잘 챙겨 먹으면 훗날 어느 시점에는 분명 도움이 될 거니까요.

그런 의미에서 이 글을 읽는 여러분께 저도 작은 퀘스천 쿠키를 하나 선물해볼까 합니다. 부디 막막하더라도 스스로 답할 수 있기를 바라면서 말이죠.

(내일 아침, 이번 주말, 출근길과 퇴근길 아니면 일을 시작하기 직전의 어느 즈음⋯)

"당신이 새로 만들어보고 싶은 루틴은 무엇인가요?"

※ 주의: 퀘스천만 있음. 쿠키는 없음.

《미생》의 윤태호 작가님이 한 말입니다.

"인생은 반복이다. 반복에 지치지 않는 자가 성취한다."

반복. 말처럼 참 쉽지 않은 일입니다. 그래서인지 저는 이 문장에서 '성취한다'보다 '지치지 않는 자'에 방점이 찍히더군요. 아마도 쉽게 지치지 않는 루틴을 만들고 싶고, 또한 그 루틴에 쉽게 지치지 않고 싶어서가 아닐까요?

무라카미 하루키의 작품 중 《직업으로서의 소설가》라는 책이 있습니다.

소설가가 바라보는 소설가란 어떤 직업인지, 어떤 자질과 태도와 생각을 가지고 사는 사람인지에 대해 쓴 자전적 에세이죠.

그가 글을 쓰고 살아오면서 수없이 풀었다 묶었다를 반복했을 날 것 그대로의 고민이 고스란히 드러나 있어서 무척 좋아하는 책입니다. (그런데 또 에세이라고만 하기에는 현실 문학계에 뼈 때리는 말들도 군데군데 있고요.) 스스로에게 묻고 답하고 다시 묻기를 반복하며 글을 끌고 가는데, 저는 그 방식이 적당히 혼란스러우면서도 적절히 수긍되었습니다. 고개를 갸우뚱갸우뚱하다가 이내 끄덕이게 만드는 힘이 있는 책이죠.

한편 이 책은 제게 직업관에 대한 중요한 생각들을 심어준 책이기도 합니다.

물론 소설을 쓰는 사람과 기획을 하는 사람은 언뜻 봐선 큰 공통점이 없는 것처럼 보일 수 있어요. 하지만 인생의 큰 질문들과 마주하고 그 답을 찾아가는 책의 흐름은 비단 기획자뿐 아니라 어느 직업을 치환해도 공감이 되는 부분이 있을 거라 생각합니다.

나는 내가 하고 있는 일을 이렇게 적나라하게 해체해서 바라본 적이 있었을까, 누군가에게 내가 하고 있는 일을 소개한다면 그 본질과 속성을 이처럼 세밀하고 생동감 있게 묘사할 수 있을까 하는 자기반성을 하도록 만들거든요. 그렇게 들여다본 '나의 일'은 어떤 모습인지, 기획이라는 것을 직업으로 삼고 사는 건 또 어떤 의미인지를 되묻지 않을 수 없습니다.

왜 가끔 친구의 고민을 들어주다 보면 '가만 있자…. 근데 나는 잘 살고 있는 거 맞나?' 하고서 갑자기 초점이 나를 향하게 되는 순간이 있잖아요. 제겐 이 책이 비슷한 역할을 했었습니다. 그래서 오늘은 '하루키 옹'의 고민과 생각들을 잠시 빌

려 우리의 이야기를 한번 해보려고 합니다. '직업으로서의 기
획자' 이야기를요.

"링에 오르기는 쉬워도 버티는 건 쉽지 않다."
– 《직업으로서의 소설가》, 무라카미 하루키, 현대문학, p.16

하루키는 누구나 소설가가 될 수 있다고 말합니다. 심지어 본
인 역시 《바람의 노래를 들어라》로 첫 등단했을 당시 '(소설을
쓰는 게) 이렇게 간단해도 되는 건가?' 하고서 반문했다고 해
요. 하지만 소설을 오래 지속적으로 써내는 것, 소설로 먹고사
는 것, 소설가로서 살아남는 것은 지극히 어려운 일이라고 단
언합니다.

　사실 진입장벽이 없다는 건 들어가는 사람에게는 기쁜 일
이지만 이미 그곳에 자리한 사람들에겐 썩 유쾌하지 않은 일
이기도 합니다. 특별한 자격 없이도 누구나 들어올 수 있고 언
제든 나를 저 밖으로 밀어낼 수 있으니까요.
　저는 기획을 하는 사람들도 똑같은 처지라고 봅니다. 특별
한 자격증이 있는 것도 아니고 분야가 아주 명확한 것도 아니

며, 기획의 과정을 차곡차곡 모아 나만의 포트폴리오를 만드는 것 역시 쉽지 않죠. 심지어 운 좋게 히트 상품이나 대박 서비스를 기획했다고 해도 나중에 그게 자기가 기획한 거라고 손을 드는 사람이 족히 수십 명은 넘습니다.

그러니 기획자는 늘 누구나 오를 수 있는 링 위에서 버티는 방법을 고민해야 하는 운명인 거죠. 기획을 오랫동안 잘하고, 기획으로 먹고살고, 기획자로 살아남는 것은 결코 쉬운 일이 아니니까요.

이 난제에 정답이 있을 리 만무하겠지만 최소한 제 의견은 이렇습니다.

저는 기획자로서 살아남기 위해서는 '무게 중심'이 필요하다고 생각합니다. 내가 어떤 가치를 추구하는 사람이고 어떻게 일을 풀어가는 사람인지에 대한 스타일 정도는 정립되어 있어야 하는 거죠.

'저 사람 손에 맡기면 돌도 금이 된대' 같은 히트메이커 신화는 요즘 세상에서 점점 현실화되기 힘든 것 같습니다. 오늘날처럼 다양하고 구체적인 니즈들이 존재하는 세상에서 한 명의 기획자가 조물주급 히트작을 연달아 만들기는 어려우니까요.

대신 '아, 이건 그 사람이 정말 잘할 것 같은데'라는 인식을 심어주는 게 중요하다고 봅니다. 대체 불가능까지는 아니어도 나에게 맞는 일을 끌어오는 자성 정도는 띄고 있는 게 유리한 거죠. 나의 가치관으로, 나의 스타일로, 나의 결과물로 조금씩 존재감의 뿌리를 내리고 있으면 주변에서 먼저 인정하고 알아보는 법이거든요.

그게 쌓이다 보면 이 바닥에서 버틸 수 있는 힘이 어느정도 생긴다고 봅니다. 새로운 누군가가 링에 올라오더라도 또 내 주변에서 급격한 소용돌이가 몰아치더라도 최소한의 무게중심은 잡을 수 있는 그 힘 말이죠.

"'자기 치유'이자 '자기 정화 작용'을 본능적으로 추구한 것일지도 모른다."

– 《직업으로서의 소설가》, 무라카미 하루키, 현대문학, p. 260

소설을 쓸 때 어떤 독자를 상정하고 글을 쓰는가라는 질문을 받을 때면 하루키 자신은 늘 머뭇거린다고 합니다. 딱히 누군가를 떠올리고 쓰는 건 아니기 때문이랍니다. 오히려 그저 몇 가지 연상되는 이미지와 감정들을 적절히 조합해 단어를 찾고 문장을 이어갈 뿐이라고 해요. 그래서 어떤 사람이 이 소설을 읽을까 같은 복잡한 생각은 전혀 못한다고 합니다.

대신 그는 "모든 창작 행위에는 스스로를 보정하고자 하는 의도가 내포되어 있다"고 주장합니다. 구체적으로 의식하지 않더라도 자신을 조금 더 나은 존재에 끼워 맞춰가며 모순들을 해소하고자 하는 본능이 있다는 것이죠. 이를 '자기 치유'이자 '자기 정화 작용'이라고 하루키는 표현합니다.

저는 이 말이 두고두고 기억에 남았습니다.

사실 기획 일은 하루키의 집필 과정과 정반대입니다. 하나부터 열까지 기획의 타깃이 되는 사람들, 누가 쓰고 누가 돈을 낼 건지에 대해 시선이 머물러 있어야 하니까요. 독자를 상정하지 않는 글쓰기 같은 건 상상도 할 수 없죠.

그런데 이 과정에서 스스로가 정화되는 경험은 소설을 쓸 때 느끼는 것과 동일합니다. 아니 어쩌면 감히 더 크다고 자부할 수도 있을 것 같아요. 어떤 문제와 마주하고 이를 풀 해법을 찾고, 그 답을 제품이나 서비스, 경험으로 옮기는 작업은 내가 가지고 있는 가치관을 올바르게 정리해주는 역할도 하거든요. 기획을 제대로 한 기획자라면 그 결과물 앞에만 있어도 내가 조금 더 좋은 사람이 된 것 같은 기분이 들 때가 있습니다.

학창시절 저와 공모전 동아리를 같이 했던 한 친구는 지금 유명 놀이공원의 아트 디렉터로 일하고 있습니다. 그런데 가끔 그 친구를 만나 일하는 얘기를 듣다 보면 예전과는 아예 눈빛이 달라져 있는 걸 느껴요. 놀이공원의 희망찬 세계관을 설명하며 (사실 놀이공원에 세계관이라는 게 있는지도 처음 알았습니다) 매번 어떻게 해야 어린아이부터 어른까지 모두가 최고의 하루를 보낼 수 있을지를 고민하거든요. 그리고 자신이 디자인하는 작은 요소 하나하나가 그곳을 방문한 모든 사람에게 두근거림을 줄 수 있어야 한다고 굳게 믿습니다.

그런데 진짜 놀라운 건 바로 그 친구 자체입니다. 학교 다닐 때는 좀 어두운 구석도 많은 친구였는데 지금은 훨씬 밝고 긍정적인 성격이 되었거든요. 본인이 직접 디자인한 캐릭터 열쇠고리를 부적처럼 달고 다니는 친구를 보면 마치 매일을 놀이공원 속에서 사는 사람 같다는 생각도 듭니다.

이처럼 좋은 기획은, 기획자로 하여금 자기 치유의 힘을 줄 수밖에 없다고 봐요. 나부터 만족하고 감동하고 설득되고 바뀌어갈 수 있어야 다른 누군가도 그럴 수 있는 거니까요.

때론 아쉬움이 많이 남는 기획도, 때론 위에서 하라니까 내

의도와 전혀 다르게 꾸역꾸역 해내야 하는 기획도 있죠. 하지만 그런 상황에서도 조금 더 나은 방향으로 이끌고자 하는 노력이 기획자에게 필요한 최소한의 직업윤리가 아닐까 합니다. 내가 아프면 남을 치료할 수 없는 것처럼 내가 진정성을 가져야 남도 그 진심을 알아봐주는 법이죠. 자기 치유의 힘은 그래서 무서운 것 같습니다.

> **"사람들의 마음의 벽에 새로운 창을 내고
> 그곳에 신선한 공기를 불어넣고 싶다."**
>
> – 《직업으로서의 소설가》, 무라카미 하루키, 현대문학, p.114

일을 하다 보면 혼란하고 또 혼란스러울 때가 있습니다. '이거 주인이 누구인 걸까? 처음 시작은 어디서 였을까' 하는 순간이 그렇죠. 어디까지가 레퍼런스고 어디까지가 오마주인 것인지, 어떤 경우에 모방이 되고 어떤 경우라야 업계의 표준으로 참작될 수 있는 건지 매우 혼란스럽습니다.

'잘 베끼는 것도 능력이다', '하늘 아래 새로운 것은 없다'라는 말로 서로서로 퉁치는(?) 분위기가 팽배한 요즘이지만, 그래도 늘 마음 한구석에는 '네 것과 내 것' 혹은 '누구누구의 것'이란 표식이 옅게나마 붙어 있습니다.

소설가도 비슷한 고민을 하나 봅니다.《직업으로서의 소설가》의 한 챕터는 '오리지널리티'에 대해서 이야기하고 있거든요. 무엇을 최초라고 부를 수 있는지, 과연 최초라는 게 있기는 한 건지, 있다면 나에겐 어떤 것들이 최초인 것인지에 대해 끊임없는 물음을 던지고 있죠. 소설가로서, 소설의 근간이 되는 생각의 출발점이자 원형을 찾고 싶었던 겁니다.

하루키는 그것을 '자유로움'이라고 말합니다. 어깨에 힘을 빼고 내추럴한 감각을 끌어낼 수 있는 상태. 다양하게 표출되는 것들 아래에 자리한 풍성하고 자발적인 기쁨. 많은 사람들에게 생생한 그대로를 전하고자 하는 욕구와 충동이 결국 오리지널리티라는 것이죠.

언뜻 보면 난해한 표현 같기도 합니다만, 쉽게 말해 '자연 상태에서 온전히 자신의 것을 표출하는 행위'쯤으로 정리할 수 있겠습니다.

맞아요. 좋은 말로는 업력, 시쳇말로는 짬밥이 쌓여갈수록 어깨 힘을 빼는 게 무지 어렵습니다. 저는 이걸 '창작의 부양가족'이라는 우스갯소리로 포장하는데요, 뭔가 새로운 걸 보여줘야 한다는 부담감과 또 너무 안드로메다로 가서는 안 된다는 현실감, 거기에 몇 차례 보고 과정에서 날아올 피드백을 상상하며 시작되는 자기검열까지. 힘을 빼고 편한 마음으로 일하고 싶지만 어쩔 수 없이 맞이해야 하는 번뇌들이 있는 법이죠.

그 때문인지 늘 뭔가를 흉내내려고 할 때보다 내 안에 있는 것을 끄집어냈을 때가 더 좋은 결과로 이어진 것 같습니다. 처음엔 그게 우연인 줄로만 알았고 나중에는 그게 제 능력인 줄 알고 자만했던 적도 있었죠.

그런데 가만히 들여다보니 그건 어떤 에너지에 가까운 것이더라고요. 내가 먼저 확신을 갖고, 느끼고 경험한 것들을 다른 사람에게 온전하게 전달하고픈 욕구이자 힘인 거죠.

하루키는 이것을 "사람들의 마음의 벽에 새로운 창을 내고 그곳에 신선한 공기를 불어넣고 싶어 하는 것"이라고 설명합니다. 자신이 느낀 완벽한 심리 상태를 어떻게 하면 독자에게도 왜곡 없이 전달할 수 있을까 고민하는 것이 본인의 오리지널리티라고 말이죠.

개인적으로 기획하는 사람들은 스스로를 잘 이해해야 한다고 생각하는 이유도 이 때문입니다. 화살표가 밖을 향해야 할 때도 있지만 안을 향해야 할 때가 더 많거든요. 누구보다 나 자신과 먼저 선문답을 주고받으며 스스로를 자유로운 상태로 만들 수 있어야 좋은 기획의 출발점에 설 수 있다고 생각합니다.

위대한 제품과 브랜드를 탄생시킨 사람들도 대부분 이 오리지널리티에서부터 시작했습니다.

옷에 그 흔한 라벨 하나 제대로 붙어 있지 않은 '메종 마르지엘라' 제품들은 창업자 마틴 마르지엘라의 해체주의가 그 원형입니다. 이름과 형식을 부여하지 않을 때 얻을 수 있는 극한의 자유로움을 일찌감치 깨닫고, 자신의 제품을 사는 사람들에게도 똑같은 경험을 주고자 한 것이죠.

명품 생활 자기를 만드는 '광주요'의 조태권 회장님은 최고의 도자기를 만들고 나서 이렇게 생각했다고 합니다. '이런 좋은 그릇에 아무 음식이나 담을 수 없다. 그에 걸맞은 술과 음식이 있어야 한다.' 그 생각은 프리미엄 증류주 '화요'를 탄생시켰습니다. 스스로 감탄하고 확신한 경험을 많은 사람에게 전달하고 싶어 제품을 만든 것이죠.

가끔 자신의 경험치를 내세우는 사람들을 자주 봅니다. 물론 그 내공과 스토리는 리스펙트해야 마땅하죠.

하지만 외부의 경험을 받아들이느라 내 안의 오리지널리티를 점점 잃어가는 건 최소화했으면 좋겠습니다.

이건 꼭 기획의 방법론 차원이 아니라 개인적인 안타까움 때문이에요. 저는 기획하는 사람들이 가진 그 마음속의 오리지널리티들이 세상 밖으로 많이 나왔으면 좋겠거든요. 그래서 다른 사람들이 그 에너지로 새로운 자극을 받고 힘을 얻었으면 좋겠습니다.

누군가의 마음에 창을 내고 그 안으로 신선한 공기를 불어넣어주려면 결국 내가 가진 '공기'가 우선이 되어야 합니다. 남의 공기를 뺏어다가 밀어 넣어줄 수는 없는 거니까요. 그러니 여러분만의 공기, 여러분이 전달하고픈 원형, 여러분만의 자유로움. 그 오리지널리티를 발견하는 데 최선을 다했으면 하는 마음입니다.

BOOK
MARK

《직업으로서의 소설가》 후기(p. 333~334)에 이런 말이 나옵니다.

"나는 어디서나 볼 수 있는 보통 사람이다. (중략) 그런데 어쩌다 소설을 쓰기 위한 자질을 마침 약간 갖고 있었고, 행운의 덕도 있었고, 또한 약간 고집스러운 (좋게 말하면 일관된) 성품 덕도 있어서 삼십 오 년여를 이렇게 직업적인 소설가로서 글을 쓰고 있다."

어쩜 에필로그까지 우리의 상황과 비슷할까요. 우리 역시 기획에 유리한 약간의 자질을 가지고 태어났을지 모르지만 많은 운이 따라주고 또 나름의 고집과 신념도 있어 지금의 일을 하고 있는 것이겠죠. 그러니 적당한 자부심과 알맞은 자존감 정도는 가져도 될 것 같다는 게 제 생각입니다.

그런 의미에서 누군가 '직업으로서의 기획자'가 어떤 사람이냐고 묻는다면 저는 이렇게 답하고 싶습니다.

"멋진 보통 사람들!"

필사를 넘어 ────────────

책을 좋아하는 사람 중에는 간혹 필사를 즐겨 하는 분들도 있습니다.

그저 읽는 데서 그치지 않고 직접 손으로 따라 써보는 것이죠. 그렇게 책에 있는 글들을 옮겨 쓰다 보면 확실히 다른 감정이 느껴지곤 합니다. 필압을 통해 손을 타고 머리까지 전해오는 글의 밀도는, 눈으로 보던 것보다 한 차원 더 무게감을 가지거든요. 저는 그 느낌을 참 좋아합니다.

사실 제 필사의 시작은 상당히 보잘것없었던 것 같아요. 필사라고 부르기도 민망한, 마음에 드는 한두 줄 문장을 옮겨 써 나만의 문장집을 만드는 것이 고작이었으니까요. 그마저도 회사원이 되고서는 바쁘다는 핑계로 조금씩 횟수가 줄어들더니 어느 순간부터는 책에서 마음에 드는 부분만 사진으로 찍어 클라우드에 담아두기도 버거운 상태가 되었습니다. (회사원이란 신분은 이렇게 늘 좋은 변명거리가 되어주는 법이죠.)

요즘은 필사에 관한 책도 많이 출간되고 서점 한구석에 아예 자유롭게 필사를 해볼 수 있는 공간도 마련돼 있더군요. 그런 걸 볼 때면 '그래, 한때 나도 필사를 하던 시절이 있었는데 말이야' 하고는 뿌듯함과 민망함이 동시에 피어오르곤 합니다.

사실 필사의 횟수가 줄어든 데는 다른 이유도 있습니다. 조금 더 재미있는 취미를 찾았다고 해야 맞을까요? 정확히는 필사에서 시작되었지만 약간 변형된 필사를 하고 있다고 볼 수도 있겠네요.

저는 마음에 드는 작가나 책이 있으면 이를 흉내내서 글을 써봅니다. 직접 그 작가가 되어보는 거죠. 성대모사나 모창을 하는 것처럼 글로서 그 사람을, 그의 작품을 따라 해보는 취미가 생긴 겁니다.

그리고 저는 이 취미를 '필모筆模'라고 부릅니다.

'필사筆寫'가 베끼어 쓰는寫 개념이라면, 필모筆模는 '본받고, 본떠서模' 쓰는 것이 아닐까 해서 붙여본 이름이에요. 그리고 제게는 꽤 오랫동안 깨알 재미를 주는 취미 중 하나가 되었습니다.

▎글이야 마음대로 써볼 수 있는 거 아닌가?

저는 이 취미가 생긴 계기를 정확히 기억합니다. 한 5년 전쯤이었나요. 넷플릭스에서 〈브레이킹 배드〉라는 미드를 발견하고 정말 폐인처럼 그 드라마에 매달린 적이 있었거든요. 너무 재미있어서 도저히 멈출 수가 없었습니다. 밤을 꼴딱 새우고 회사에 출근하는 날도 있었죠.

이 드라마의 주인공은 암으로 시한부 판정을 받은 한 고등학교 화학 교사입니다. 죽기 전 가족에게 거액의 돈을 마련해줄 목적으로 자신의 꼴통 제자와 함께 마약을 제조하는 이야기인데요, 화학 교사라는 전공을 살려 넘사벽 퀄리티의 마약을 만드는 바람에 예상치 못한 일들이 벌어지고, 그렇게 평생을 교과서처럼 살아온 사람이 점점 나쁜 일을 저지르게 Breaking Bad 되는 내용이 작품의 핵심입니다.

당시 회사에서 가장 친한 동기 녀석도 저와 같이 정주행을 시작했는데 점심시간마다 친구를 만나 이 드라마에 관한 수

다를 떠는 게 쏠쏠한 재미였습니다. 이 친구는 어린 시절 영화 감독을 꿈꿨지만 지금은 서버 개발자로 일하고 있는 슬픈 운명의 소유자인데요, 대학에서 컴퓨터공학과 심리학을 동시에 전공했을 정도로 인문학에도 관심이 많은 편입니다. 그래서 영화나 드라마 이야기를 함께하면 시간 가는 줄 모르죠.

그렇게 매일 같이 드라마의 스토리와 장면을 두고 이런저런 얘기를 주고받던 어느 날, 그 친구가 대뜸 이런 질문을 던졌습니다.

"형이 감독이라면 그 장면을 어떻게 연출했을 것 같아요? 훨씬 더 극적이게? 오히려 최대한 담담하게? 그것도 아니면 아예 각본부터 전혀 다르게 썼으려나요?"

왜 그랬는지는 모르겠지만 그 한마디가 참 많은 생각을 하게 만들었습니다.

그러게요. 흔히 만화나 영화에서 영혼이 바뀌는 상황처럼, 제가 딱 그 순간에 〈브레이킹 배드〉의 감독이 될 수 있다면 저는 어떤 선택을 했을까요. 또 어떤 디렉션을 내리고 어떻게 상황을 이끌었을까요. 그리고 그렇게 만들어진 장면은 관객들의 호응과 공감을 살 수 있었을까요.

근거 없는 자신감이라는 것이 이럴 때 생기나 봅니다. 비록 영화를 직접 연출할 수는 없지만 글이야 마음대로 써볼 수 있지 않을까 싶었거든요. 작가가 끝맺은 부분부터 이어 써보는 것일 수도, 아예 작가로 빙의해서 새로운 글을 하나 써볼 수도 있는 것이죠.

보통 그런 무모한 생각은 쉽게 가라앉는 편인데 신기하게도 이번엔 그 의지가 계속 단단해졌습니다. 그 후로 마음에 드는 책을 발견하면 필사를 넘어 직접 이 책의 작가가 되어보자는 생각으로 이어졌고요.

친한 사람들에게 이 이야기를 하면 굉장히 의아해하는 반응들입니다. 작가가 되어본다는 게 말처럼 그리 쉽냐고 이야기하죠. 그러면 저는 다시 반문합니다.

"아니, 노래방에서는 다들 가수처럼 노래 부르잖아. 눈 감고 감정 싣고 심지어 애드립까지 하면서. 글 쓰는 건 못할 게 또 뭐야."

네. 우리가 어떤 민족입니까. 한 평도 안 되는 코인노래방에만 가도 갑자기 이별하던 그 순간으로 회귀하는 사람들 아니겠습니까. BTS의 노래를 갖가지 버전으로 리믹스해 만들고 심지어 백종원 대표의 레시피를 변형해 더 창의적인 음식을 만드는 블로거들도 있죠. 과거에는 배달의 민족이었는지 몰라도 21세기의 우리는 '디벨롭의 민족'임이 분명합니다.

▌같은 호흡, 비슷한 문체, 다른 이야기

우선 저는 책의 호흡이나 문체를 흉내내는 것으로 '필모'를 시작했습니다.

모든 글에는 글쓴이 특유의 리듬과 질감이 있거든요. 그 요소들을 음미하며 글을 읽다 보면 어느 순간 조금씩 닮아가기도 하는 것 같습니다. 마치 친한 친구와 오랜 세월을 함께하면 사용하는 단어나 말투가 비슷해지는 것처럼요.

그중에서도 호흡은 참 중요한 포인트입니다. 간혹 정말 어려운 주제를 가지고도 쉽고 매끄럽게 잘 풀어내는 작가들이 있죠. 흡사 손질하기 어려운 식재료를 너무도 알맞은 온도와 굽기로 요리해내는 느낌입니다.

그런 작가들은 늘 좋은 호흡을 가지고 있습니다. 밀고 당기는 완급 조절, 꼭 맞는 단어의 선택과 배치, 무의미한 반복을 줄이고 핵심을 돋보이도록 하는 문장 길이. 그 외에도 읽는 사람으로 하여금 알맞은 호흡을 느낄 수 있도록 배려한 글이라는 게 곳곳에서 느껴지곤 합니다.

최근에는 문장을 잘게 쪼개서 호흡을 짧게 가져가는 글들이 많아지고 있는데요, 저도 한때는 그런 식의 글쓰기를 해본 적이 있습니다. 말하기 민망하지만, 시쳇말로 '쿨하게' 보이려고 말이죠. 툭툭 내뱉듯이 끊어 쓴 문장은 마치 대담하면서도 선명한 메시지를 전달할 것만 같은 착각에 빠졌거든요. 뭔가 더 권위 있어 보이고 은은하게나마(?) 전문가의 냄새가 나는 것도 같았고요.

하지만 필요 이상으로 조각낸 문장들은 글의 피로감을 몇 배로 증폭시킨다는 사실을 금방 알아챌 수 있었습니다. 충분히 이어질 수 있는 문장까지도 끊어놓는 바람에 집중력도 흐트러지기 십상이었고요. 게다가 불필요한 주어나 목적어까지 반복되다보니 점점 비효율적인 글이 되어갔습니다. 쿨하게 보이고 싶어 택한 방법이 오히려 훨씬 촌스러울 수 있다는 걸 알게 된 후로는 늘 적절한 호흡을 찾는 데 몰두했죠.

개인적으로는 《생각의 기쁨》과 《평소의 발견》을 쓰신 유병욱 작가님의 호흡을 참 좋아합니다. 마치 인심 좋은 대학 선배를 만나 이런저런 이야기를 듣는 느낌의 글이거든요. 그런데 그 안에 적절한 무게의 메시지들까지 담겨 있으니 좋아하지 않을 수 없습니다.

왜 기분 좋게 맥주 한잔하고서 집으로 돌아가는 길에 다시 곱씹게 되는 대화들 있잖아요. 그런 이야기들이 빠르지도, 늘어지지도 않은 호흡으로 쓰여 있어 기분 좋은 리듬감으로 읽었던 기억이 납니다.

그래서 그 호흡을 따라 '필모'를 자주 해봤습니다. 윽박지르지 않고도, 몰아붙이지 않고도 상대방의 생각과 가치관에 좋은 영향을 줄 수 있는 그 호흡을 따라 해본 거죠. 그렇게 '내가 유병욱 작가가 되었다'는 생각으로 글을 써보면 어설프더라도 그의 시각으로 세상을 볼 수 있을 것 같은 느낌이 듭니다. 필사가 작가의 글을 더 오롯하게 이해하도록 해준다면, 필모는 글쓴이에 비추어 내 생각을 더 확장해볼 수 있도록 해주죠.

그래도 아직 '필모'라는 개념이 막연하게만 느껴진다면 일기를 통해 시작해보는 것을 추천합니다. 내가 좋아하는 작가의 호흡과 문체로 나의 하루를 풀어보는 거죠.

박완서 작가님이 내 회사 생활을 설명한다면 어떤 느낌일까요. 아마 섬세하고 풍부한 감정 속에서도 날카로운 묘사가 살아 있을 겁니다. 반면 말콤 글래드웰이 목격한 우리 부부의 다툼은 또 어떻게 표현될 수 있을까요. 말다툼이란 그저 촉발된 현상일 뿐이며 그 이면에 담긴 원인은 아주 사소하고 무의미한 것이었다는 걸 밝혀낼지도 모를 일이죠. (회사에 맘에 들지 않는 상사가 있다면 스티븐 킹의 소설처럼 그 사람을 표현해보세요. 어우, 벌써 섬뜩하네요.)

▎필모란 작가의 힘을 빌려 내 이야기를 쓰는 것

가끔은 흉내를 넘어 직접 이야기를 써보기도 합니다. 특히 소설을 읽다 보면 작가가 의도적으로 끝맺어놓지 않은 이야기들이 있거든요. 안타깝게도 작가 스스로 주워 담지 못한 복선일 수도 있고 반대로 독자로 하여금 수많은 상상을 할 수 있도록 일부러 열어놓은 틈일 때도 있죠.

저는 이런 포인트들을 발견하면 필모를 시작합니다. 얼마나 신나나요. 마치 유명 작사가가 노래 가사를 쓰던 도중에 '2절은 네가 직접 써볼래?'라고 권하는 것과 다름없으니까요.

제가 가장 즐겁게 필모한 작품은 무라카미 하루키의 《색채가 없는 다자키 쓰쿠루와 그가 순례를 떠난 해》였습니다. 딱히 설명이 필요 없는 대문호인 하루키가 썼지만, 아쉽게도 그의 다른 작품들만큼의 큰 인기를 얻지는 못한 책이기도 합니다.

내용은 이렇습니다. 철도회사에 근무하는 주인공 '쓰쿠루'는 어릴 적부터 친하게 지내온 단짝 친구들로부터 하루아침에 버림을 받습니다. 그 이유가 무엇인지도 모른 채 말이죠. 그렇게 성인이 된 쓰쿠루가 자신의 잃어버린 과거의 조각들을 찾기 위해 떠나는 여정을 담담하게 그려낸 작품입니다.

이 책은 무라카미 하루키 특유의 색깔이 묻어 있으면서도 많은 부분을 독자에게 열어놓고 있기도 한데요, 그래서인지 맞춰지지 않는 일부 조각들은 책에 고스란히 남겨져 있습니다. 마치 우리가 과거에 집착한다고 해서 모든 부분들이 다 이해되고 받아들여지지 않는 것처럼 말이죠.

듬성듬성 파여 있는 홈을, 직접 써내려가며 메꾸는 재미는 상상외로 상당합니다. 거창하거나 긴 글이 아니더라도 제 머릿속에서 떠오른 장면들을 자유롭게 풀어보는 거예요. 물론 그때만큼은 무라카미 하루키의 호흡과 문체를 빌려서 말이죠. 그의 리얼리즘 소설에 나오는 현실적인 묘사들과 무기력해 보이는 남자 주인공의 캐릭터도 그대로 살려 글을 씁니다. (이왕 하는 거 현실감 있게 해야죠.)

이렇게 필모한 책들은 말 그대로 책 이상의 의미를 갖게 되는 것 같아요. 누군가 '책을 읽는 건 내용을 이해하는 것이고, 필사하는 건 작가를 이해하는 것'이라고 했던 기억이 나는데요. 하나 덧붙이자면 필모하는 것은 나를 이해할 수 있는 기회이기도 합니다.

나도 나를 잘 몰라 답답해질 때면 누군가에게 묻게 되잖아요. 그 사람의 눈과 마음으로 나를 보려고요. 그런 의미에서 보자면, 필모란 작가의 힘을 빌려 나의 이야기를 풀어볼 수 있는 더없이 좋은 시간인 셈이죠.

필모를 자주 하다 보면 의외의 소득도 있습니다. 꼭 작가가 쓴 글이 아니더라도 다른 사람이 쓴 글들의 특징을 빨리 파악하게 되거든요. 회사 동료의 기획서일 때도 있고, 홈페이지에 올라온 상품의 상세 설명이나 흔히 주고받는 메일 커뮤니케이션에서도 그 특징들이 비교적 쉽게 눈에 띕니다.

'남 글 쓰는 거 파악해서 뭐 하게?'라는 생각이 들 수도 있겠지만 의외로 기획 일의 많은 부분이 텍스트로 이루어진다는 걸 부정할 수는 없을 겁니다. 짧든 길든, 형식이 있든 없든, 대중에게 공개되는 것이든 아니든 글을 파악한다는 건 다른 한편으로 일하는 스타일을 파악하는 것과 다르지 않다고 보거든요. 색다른 취미처럼 시작한 필모가 여러모로 도움이 된다고 느끼는 이유도 바로 여기에 있습니다.

그렇다고 필사보다 필모가 더 좋다는 것도, 필사를 버리고 필모를 시작하자고 주장하는 것도 아닙니다. 둘은 서로를 잘 보완해주는 사이인 것 같다는 게 제 생각이거든요. 훌륭한 글을 읽다 보면 누구나 그런 생각을 하기 마련이죠. '아, 나도 이 사람처럼 글 한 번 잘 써보고 싶다' 하고요. 그렇다고 무작정 내 글을 써보려고 하면 그게 또 마음처럼 잘 안 되잖아요.

그럴 땐 우선 필사를 하며 글과 글쓴이에 대해서 더 깊게 느끼고 이해해보는 것이 먼저라고 생각합니다. 그다음 그 작가의 힘을 빌려 글쓰기의 막연함을 조금씩 줄여보는 거죠. 피아노를 처음 배우거나 두발자전거를 처음 탈 때도 뒤에서 잡아주고 가이드해주는 사람이 있었잖아요. 글도 그런 조력자가 있는 상태에서 시작한다면 어느 순간 자유롭게 원하는 글을 쓰는 순간이 올 거라고 생각합니다.

예전에 등산을 좋아하는 회사 동료가 다른 팀원을 꼬시는 현장을 본 적이 있습니다. 힘들어서 등산은 죽어도 못 간다는 팀원에게 그분이 이렇게 말씀하시더군요.

"등산은 누구랑 가느냐에 따라서 다르다니까. 내가 옆에서 같이 호흡 맞춰 걸으면 평소보다 훨씬 덜 힘들 거야. 속는 셈 치고 한번 가보자. 너랑 내가 한 몸인 것처럼 걸어줄게."

그러게요. 어쩌면 필모도 이와 비슷한 것인지 모르겠네요. 내가 좋아하는 작가를 따라서 그 작품 속을 함께 걸어보는 것이 바로 필모의 매력이니까요.

BOOK MARK

다음은 제가 《색채가 없는 다자키 쓰쿠루와 그가 순례를 떠난 해》를 필모한 것의 일부입니다.
주인공 '쓰쿠루'가 핀란드 헤멘린나로 건너가 과거의 친구 '구로'를 만나는 장면인데요, 비밀의 일부를 쥐고 있는 친구를 16년 만에 만나는 모습이 섬세하게 녹아 있어 무척 좋아하는 부분입니다.
그중 자신이 기억하는 것과 사뭇 달라진 친구의 모습을 마주하며 "세상에는 여성의 모습을 통해서만 전할 수 있는 것이 있다"라는 표현을 쓰

는데요, 그 짧은 한 문장으로 압축된 부분의 숨은 뜻을 상상하며 새로
써본 글입니다.

———————

세상에는 여성의 모습을 통해서만 전할 수 있는 것이 있다. 도예를 시작
했다는 구로가, 쓰쿠루는 처음으로 이해되기 시작했다. 소녀 시절의 모
습이 저문 그녀에게선 사뭇 다른 존재가 빚어져 있었다. 솔직하고 힘찬
윤곽, 굳게 다문 입술, 아마도 헤멘린나 지역의 짧은 햇볕에 그을렸을
피부가 더욱 그랬다.

16년 전 구로가 세상이라는 가마 속으로 들어가기 전 흙과 물로만 만들
어진 것이었다면, 지금의 그녀는 숨 틈 하나 없이 단단하게 열을 흡수한
완성된 도자기의 모습이었다. 아마 그의 남편 에드바르트와 아이들은
이 모습으로 아내와 엄마를 기억할 것이다. 하지만 그것은 구로가 스스
로를 수없이 깨뜨리고 부수기를 반복해 얻은 결과임이 틀림없다. 쓰쿠
루는 그렇게 생각했다.

에드바르트는 아내가 도예에 타고난 재능이 있다고 말했지만 적어도
쓰쿠루에게 그것은 잘못된 추리였다. 그녀는 과거의 자신을 빚어 지금
을 만들었다. 선천적 능력이 아닌 후천적 선택이었을 것이다. 문득 에드
바르트가 그녀를 에리라고 부르는 것이 거슬렸다. 쓰쿠루에게 구로는
물기가 남아 있는 어린 시절의 풋풋함 그 자체이지만, 에리라는 여자에
게선 표면의 메마른 흙먼지가 고스란히 느껴졌기 때문이다. 그것은 이
름뿐 아니라 외모에서도, 두 사람의 대화에서도 묻어났다. 엄지와 검지
를 마주 문지르면 이내 노란 흙가루가 바스러질 것만 같았다.

자신의 생각을 표현하는 것은 정말 중요합니다. 그리고 그 방법들은 시간이 흐를수록 점점 다양해지고 있죠.

혹시 제가 책 초반에 '각자의 무기'에 대해 이야기했던 것 기억하시나요? 기획하는 사람들 저마다 자신만의 무기가 하나씩 있으면 좋겠다고, 그리고 그게 결국 그 사람의 기획 스타일이 될 수 있다고 했던 말이요.

이 무기란 것은 '기획을 위한 에너지를 어디에서 가져올 것인가'의 문제이기도 하지만, 한편으로는 '자신이 가진 기획력을 무엇으로 표현할 것인가'의 문제이기도 합니다. 지금까지 전자에 대한 이야기를 했다면 이번에는 후자에 관한 이야기를 해보려고 합니다.

저는 글 쓰는 것을 좋아합니다.

정확히 말하자면 글로서 생각을 구체화하고, 다듬고, 표현하는 것을 좋아합니다. 그리고 이것은 취미가 아닌 일로서, 소질이 아닌 기술로서 더 큰 의미를 가지죠.

사실 제가 하는 대부분의 일은 눈에 보이지 않는 것을 보이는 것으로 만들거나, 이미 존재하는 것을 다른 모습으로 다시 태어나게 하거나, 흩어져 있는 것을 모아 재정리하거나, 가장 적절한 곳에 가장 적절한 것을 가져다 놓는 일들입니다. 언뜻 들으면 뜬구름 잡는 추상적인 설명 같지만 실제 업의 본질이 그렇습니다. 다만 저 일들이 여러 갈래로 가지치기하며 구체적인 업무의 모습을 띨 뿐이죠.

그렇다 보니 어떤 일을 하든 간에 원형에 가까운 본질들을 어떻게 풀어나갈지가 관건입니다. 공간 기획을 한다고 해서 갑자기 상세 설계도가 툭 튀어나오는 것도 아니고, 브랜드 경험을 기획한다고 해서 브랜딩의 속성과 요소들이 모두 하늘에서 뚝 떨어지는 것이 아니니까요. 어떻게든 밑그림이 필요하고 첫 단추가 필요한 것이죠.

제겐 글쓰기가 그런 역할을 해줍니다. 머릿속에 떠다니던 원형의 심상들이 디자인으로 옮겨질 수 있게 하는 데도, 실체가 없던 것들이 경험과 기억으로 전달될 수 있게 하는 데도 글의 역할이 가장 큽니다. 그래서 읽는 것만큼이나 쓰는 것이 너무도 중요하죠. 사실 이건 비단 제게만 해당되는 건 아닐 겁니다. 기획하는 사람들은 글쓰기의 중요성을 항상 깨닫고 공감하니까요.

그런데 주위를 둘러보면 글을 쓰는 걸 어려워하는 사람들이 정말 많습니다. 아니 가끔은 어려움을 넘어 공포를 느끼는 경우도 있죠. 누군가에게 자신의 글을 보여주는 것 자체를 부끄러워하는 사람도 있고 첫 문장 하나를 쓰는 데 억겁의 세월이 걸리는 사람도 있습니다.

그렇다고 '그럼 자네는 글 쓰는 게 쉬운가?'라고 묻는다면 저 역시 고개를 가로저을 수밖에 없습니다.

어렵거든요. 글이라는 것은 쓰면 쓸수록 어렵고 한편으로는 조심스럽기까지 하니까요. 글을 잘 쓴다는 게 어떤 의미인지도 좀 헷갈리고 때로는 무엇이 좋은 글인지에 대한 기준이 파르르 흔들리기도 합니다.

자, 그럼 이제 질문을 해야 할 시간이네요.

이 어렵고 험난한 상황 속에서, 타고난 자질과 개개인의 능

력을 모두 차치하고서,

'우리는 과연 어떻게 글을 써야 할까요?'

▌누구나 머릿속에 지도 하나씩은 가지고 있다

답을 하기 전에 심호흡 삼아 잠깐 다른 이야기를 하나 해보죠. 제가 갓 대학생이 되었을 무렵이었던 것 같습니다. 평소 아버지와 많은 대화를 하는 편이 아닌데 그날따라 문득 엉뚱한 궁금증이, 그것도 두 가지나 생기더라고요. 못 참고 아버지께 질문을 던졌죠.

하나는 '대체 휴대전화가 없던 시절에는 어떻게 데이트를 했느냐?' 하는 것이었습니다. 커플들은 어떻게 약속 장소를 정하고 만나는지, 길이 엇갈릴 땐 어떻게 하는지, 맛집은 어떻게 찾고 거기까진 또 어찌 찾아가는지가 너무 궁금했습니다.

다른 하나는 '옛날엔 내비게이션 없이 어떻게 운전을 했느냐?' 하는 것이었죠. 첨단 장비는커녕 자동 변속기조차 흔치 않던 시절에 암호 해독에 가까운 전국 지도 하나 들고서 팔도 강산을 누비고 다니는 게 가능이나 한 건지 미스터리처럼 느껴졌습니다.

이런 철딱서니 없는 21세기 소년에게 아버지가 답했죠. 신기한 건 질문은 두 가지인데 대답은 한 가지였단 겁니다.

"그래서 옛날 사람들은 어딜 가나 허투루 보는 게 없었어. 그냥 평소 지나다닐 때도 내가 어디쯤 왔나를 기억하고 있어야 해. 주변에 어떤 건물이 있는지, 거기서 얼마나 가야 저 건물이 나오는지 머리에 나름 지도를 넣고 사는 거야. 그래야 내가 길을 찾을 수 있고, 또 다른 사람한테 안내할 수도 있으니까."

그렇습니다. 그 말을 들으니 멀리 갈 것도 없이 제 어린 시절이 새삼 떠오르더군요.

그 당시만 해도 지도를 간략히 줄여서 그리는 '약도'라는 게 참 흔했거든요. 골목에서 놀고 있으면 길 가던 어르신들이 '야, 이 동네에 가까운 약국이 어디냐? 여기 약도 좀 그려봐라' 하고서 종이와 펜을 내미는 경우가 종종 있었습니다.

그럼 그때는 제 머릿속의 동선을 총동원해서 지도를 그려야 하죠.

'이쯤 가면 슈퍼마켓이 하나 있고… 여기서 길을 건너면 파란 대문 있는 집이 나오고… 그럼 곧장 직진을….' 그렇게 열심히 그리고 있으면 꼭 옆에 있던 친구가 그게 아니라며 훈수를 둡니다. 각자 머릿속에 있는 지도의 동선이 달랐던 것이죠.

이처럼 '어떤 목적을 위해 움직이는 자취나 방향을 나타내는 선'. 이를 우리는 '동선'이라고 부릅니다. 저는 글을 쓰는 것도 이 동선을 설계하는 것과 다르지 않다고 생각해요.

내가 안내하고자 하는 목적지를 정하고 그곳으로 가는 길을 설명하듯 글을 쓰는 게, 쓰는 사람과 읽는 사람 모두를 위해 좋은 것 같거든요.

그리고 그 안에 독자가 이대로 거쳐왔으면 하는 나만의 동선을 만드는 거죠. 최단 시간 경로로 곧장 오게 할지 아니면 오는 길에 꼭 보거나 들렀다 왔으면 하는 곳이 있는지, 글로써 길을 내고 경험을 심는 것입니다.

▋ 글의 평면과 단면

건축가 유현준 교수님께서 이런 말을 하신 적이 있습니다.

"공간이란 절대적 물리량이 아니라 기억의 총합이다."

건축 면적이 몇 제곱미터고, 벽돌을 몇 장 사용했고, 천장고가 몇 미터고, 얼마나 많은 일조량을 확보할 수 있는지보다 그 안에서 사람들이 어떤 기억과 경험을 가져갈 수 있도록 설계했는지가 결국 그 공간의 의미를 결정한다는 이야기입니다. 개인적으로 무척 좋아하는 말이기도 하고요.

이것을 가능하게 하는 것 중 하나가 바로 동선입니다. 사실 건축에서 동선은 이율배반적인 것들을 공생하게 하거나 조건적인 콤플렉스를 극복하기 위해 적극적으로 사용합니다. 아이러니하게도 이 과정에서 훨씬 창의적이고 멋진 동선들이 탄생하곤 하죠. 좁아 보이는 집을 어떻게 넓어 보이게 할 것인지, 차가운 소재가 사용된 공간을 어떻게 따뜻하게 느끼도록 할 것인지 하는 문제들을 동선의 경험으로 풀어내는 것입니다.

'글 또한 절대적 물리량이 아니라 기억의 총합이다.'

어떤가요? 틀린 말 같지 않죠? 우리가 책 한 권을 읽는다고 해서 그 안의 내용을 모두 다 기억할 수는 없잖아요. 100페이지 남짓한 단편소설보다 500페이지가 넘는 두꺼운 교양서가 꼭 더 많은 지식을 보장하는 것도 아니고요. 결국 글쓰기 역시 읽는 사람에게 어떤 경험을 줄 것인지, 그 경험을 무엇으로 만들어낼 것인지가 관건이란 얘깁니다. 동시에 글을 경험하는 데 있어 큰 걸림돌이 되는 요소들은 또 어떻게 극복할 것인가 하는 문제이기도 하고요.

이를 위해서는 글의 공간감을 이해하는 것이 첫 번째라고 생각합니다.

저는 글에도 '평면'과 '단면'이 존재한다고 봅니다.

평면이란 수평으로 잘라 위에서 내려다 본 모습이고, 단면이란 수직으로 자른 뒤 옆에서 바라본 모습이죠. 평면에서는 무엇이 어떻게 배치되었는지를 알 수 있고 단면을 통해서는 높이와 깊이를 가늠할 수 있습니다.

사실 글도 마찬가지예요. 글의 평면도를 펼치면 그 글이 어떤 주제를 가지고 어떤 에피소드들을 나열하고 있는지, 분량은 얼마나 되며 어느 부분에서 힘을 주고 뺐는지 등을 알 수 있습니다.

반대로 단면도에서는 글의 깊이를 느낄 수 있죠. 단순하게는 가벼운지 심오한지, 긴장감을 유발하는지 편안하게 다가오는지부터, 조금 더 들어가면 독자가 직접 생각해볼 수 있도록 천장을 높이고 창을 내었는지, 자연스레 다른 생각들로 이어지도록 계단을 마련해뒀는지까지 보입니다. 글이 공간감을 가지고 입체적으로 다가오는 순간이죠.

대부분의 사람들이 우선 생각나는 대로 글을 써본 다음에 그걸 반복해서 퇴고하면 나름 글 한 편이 완성된다고 여깁니다. 물론 타인에게 평가받을 필요가 없는 개인적인 글들은 그렇게 써도 무방하겠죠.

하지만 누군가에게 생각이나 경험을 제공해야 하는 글을 써야 한다면 그 방법은 크게 추천하지 않습니다.

글도 집을 짓는 것과 같아서 터를 다지고 뼈대를 만드는 작업이 필요하거든요. 읽는 사람의 생각을 어느 정도 사용할 것인지 그 면적을 정하고, 그 안에 무엇을 배치하고 어느 정도의 깊이감을 줄지를 먼저 고민해야 합니다.

▎ 살고 싶은 집, 쓰고 싶은 글

집에 대한 사람들의 관심이 폭발적으로 증가하면서 집을 테마로 한 TV 프로그램도 여럿 생겨나고 있죠. 시청자가 원하는 매물을 대신 구해주는 프로그램도 있고, 출연자가 꿈꿔왔던 집을 찾아 직접 살아볼 수 있게 해주는 프로그램까지 등장했으니까요.

저는 이런 방송들을 볼 때마다 흥미롭게 여기는 것이 하나 있습니다. 바로 '사람들은 모두 자기가 살고 싶어 하는 공간을 구체적으로 그리고 있구나' 하는 것이죠.

방송에 출연한 사람들 중 그냥 막연하게 큰 집, 좋은 집, 멋진 집을 원하는 사람은 단 한 명도 없습니다. 오히려 너무하다(?) 싶을 정도로 정확하고 개인적인 니즈들이 있죠. 자녀들의 프라이버시는 지켜주되 가족 간의 소통은 단절되지 않는 집, 작게라도 텃밭을 가꿀 수 있고 오전보다는 오후에 햇살이 많이 드는 집, 프리랜서인 아내가 일할 수 있도록 작업 공간이 따로 분리되어 있는 집, 아웃도어 활동을 즐기는 아빠를 위해 마당 한편을 캠핑장처럼 사용할 수 있는 집. 이처럼 모두가 아주 구체적이고 정확한 그림을 가지고 있음에 매번 놀랍니다.

저는 글을 쓸 때도 이렇게 상세한 니즈를 가지고 써보는 게 큰 도움이 되는 것 같습니다.

그저 느낌 가는 대로, 손 가는 대로가 아닌 내가 독자라고 가정했을 때 어떤 글을 읽고 싶은지를 세심하게 고민해보는 거죠. 니즈라는 것도 설계도와 같아서 원하는 것을 구체적으로 잘 표현할 수 있는 사람이 이를 충족시킬 확률이 크거든요.

무작정 글을 많이 써보는 것도 도움이 될 수 있겠으나, 그전에 내가 좋았다고 느낀 글들을 기억하고 모으고 또 분석해보시길 바랍니다. '아, 저런 집에 살고 싶다!'라고 생각하며 내가 살 집을 그리는 것처럼 '나도 저런 글을 써볼래!'라는 마음으로 내가 쓸 글을 미리 상상해보는 것이죠.

▎내가 안내하는 대로, 길이 되고 글이 된다

이왕 집 얘기가 나왔으니 이번에도 집 얘기로 이어가볼게요.

혹시 집들이에 친구들을 초대해본 경험이 있으신가요? 아무래도 집들이란 첫인상을 전달하는 것이다 보니 평소보다는 공을 들여 집을 치우고 꾸몄던 기억들이 다들 있으실 겁니다.

우리 잠깐 그때를 한번 떠올려보자고요. 우선 불필요한 잡동사니는 눈에 띄지 않게 한곳으로 몰아놓고 굳게 문을 닫아놓았을 겁니다. (마치 영원히 다시 보지 않을 사이처럼 말이죠.) 책장에는 왠지 좀 세련된 커버의 잡지나 마음에 드는 책들을 잘 보이도록 놓아두고, 약간 불편하더라도 밝은 조명 대신 무드등을 켜서 분위기를 더 로맨틱하게 만들었을지 모릅니다. 필요하다면 캔들이나 디퓨저로 기분 좋은 향기를 곁들이고 말이죠.

우리는 왜 이런 방식으로 손님을 맞이할까요? 단순히 친구들에게 잘 보이고 싶어서일까요? 그렇다면 잘 보인다는 것의 정확한 의미는 또 무엇일까요?

저는 그 의미를 '내가 원하는 방향으로 경험하고 느끼도록 해주고 싶어서'라고 봅니다. 친구들로 하여금 내가 사는 공간이 깔끔하고, 세련되고, 분위기 있는 데다 향기마저 좋은 공간으로 기억되게 하고픈 우리의 욕망이 그런 동선을 설계한 것이죠.

하지만 그렇다고 그 집을 내 집이 아니라고 할 수 있을까요? 당연히 아닙니다. 엄연히 내가 사는 공간이지만 찾아온 손님들을 위해 장점을 부각시키고 단점을 최소화해, 경험을 재배치한 것일 뿐이죠.

간혹 글쓰기를 단순한 사실 관계의 나열이라고 생각하는 사람들이 있습니다. 마치 자신이 살고 있는 태초의(?) 모습 그대로 집들이를 여는 사람처럼요. 그리고 그게 진솔하고 담백한 글이라 여기기도 합니다. 완전히 동의할 수 없는 것은 아니지만 과연 그것이 읽는 사람에게 줄 수 있는 최선의 경험이었나라고 물으면 선뜻 그렇다고 할 수 없을 겁니다.

글을 쓸 때는 내가 원하는 동선과 경험을 만드는 데 최선을 다해야 합니다. 아시다시피 글은 영상이나 이미지보다 전달의 제약이 적습니다. 시각 자료를 제공하는 대신 독자가 머릿속에서 직접 상상하고 그려볼 수 있도록 하니까요. 그렇다 보니 텍스트만으로 무한한 가능성을 만들어낼 수도 있지만 반대로 내가 원하는 바와 전혀 다른 그림이 전달될 수도 있습니다. 우리가 늘 읽는 사람의 입장에 서서 세심하고 정교한 경험을 짜야 하는 이유이기도 하죠.

▍당신의 지도는 어떤 모양인가요?

어쩌면 제가 책을 좋아하는 가장 큰 이유도 바로 이것인지 모르겠습니다.

'다른 사람이 만들어놓은 동선과 경험을 따라 목적지에 도착하는 것.'

네. 맞아요. 물론 그냥 지도에 자를 대고서 출발지와 도착지를 일직선으로 주욱 그어 연결한다면 가장 쉽고 빠르겠죠. 하지만 무슨 재미가 있고 어떤 기억이 남을까 싶습니다. 우리가 어딘가로 떠나는 이유는 그 길에서 만나는 갖가지 이야기들을 경험하고 소유하고 싶어서가 아닌가요?

그러니 책이란, 엄청나게 큰 지도 위에 수많은 사람들이 각자의 루트를 그려놓은 것이라고 생각합니다. 목적지가 같더라도 거기까지 닿는 여정을 글쓴이 자신만의 지도로 완성하는 것이죠. 저는 그것이야말로 글과 책이 주는 가장 큰 기쁨이라고 생각합니다.

문득 궁금해지네요. 제가 쓴 글은 여러분에게 어떤 여정으로 느껴졌을지 그리고 제대로 된 목적지에 여러분을 무사히 안내했을지, 기대도 되고 걱정도 됩니다.

하지만 글을 쓰는 내내 그 동선을 그리는 일은 정말 즐겁고 행복했어요. 제가 살고 싶은 집을 상상하는 것처럼 제가 쓰고 싶은 책을 상상하고, 평면도와 단면도를 그리듯 한 편 한 편 글을 써내려가고, 첫 집들이를 여는 호스트처럼 열심히 정리하고 꾸민 뒤 여러분을 초대한 것이니까요.

책이라는, 세상을 안내하는 지도 위에 제가 그린 약도가 하나 추가되었음이 그저 기쁘고 감사할 따름입니다.

저는 많은 사람들이 글을 썼으면 좋겠습니다. 그리고 그 글은 나 혼자만 알고 있는 지름길이 아닌 또 하나의 새로운 길로 다른 사람들에게 널리 소개되었으면 합니다. 가보지 않은 길은 늘 설레듯 지금도 누군가 글을 쓰고 있다고 생각하면 저는 항상 설레거든요. 당장이라도 그 길 위를 걷고 싶어지는 것도 같고요.

그러니 조금씩 천천히라도 온전한 내 글을 써보길 바랍니다. 문장과 문장의 조합보다는 길과 길을 연결한다는 느낌으로, 절대적 물리량보다는 기억의 총합을 선물한다는 생각으로요. 그리고 기회가 된다면 그 여정으로 꼭 초대해주셨으면 합니다. 당신의 글이 안내하는 그곳으로 말이죠.

BOOK MARK

제일 친한 친구들과 함께 스위스 인터라켄을 여행할 때입니다. 알고보니 스위스는 오후 4시가 되면 마트가 영업을 종료하더군요. 시간이 얼마 남지 않았다는 걸 알고 우선 급한 마음에 근처에 있는 아저씨를 붙잡고 마트까지 가는 길을 알려줄 수 있는지 물었습니다.

"오! 서둘러야겠네요. 이 길을 따라가다 보면 큰 도로가 나와요. 거기서 왼쪽으로 꺾은 다음 곧장 가면 마트가 보일 거예요. 근데 이걸 어쩌죠. 그 중간에 기가 막힌 맥줏집이 하나 있거든요. 시간이 없으니

16온스짜리 맥주 딱 한 잔씩만 하고들 가요. 빠르게 움직이면 가능할 거예요!"

살아오면서 셀 수 없이 많은 길을 물었을 텐데 기억에 남는 대답은 딱 이것 하나뿐입니다. 저희를 목적지까지 안내하면서도 특유의 위트와 재치로 잊을 수 없는 경험을 선물해줬거든요. 덕분에 그분의 동선은 아직까지 저희 사이에서 회자되곤 합니다.

30년간 몸담았던 광고계를 훌쩍 떠나 어느 날 갑자기 자신의 이름을 딴 서점을 오픈한 사람이 있습니다.

바로 '최인아 책방'의 최인아 대표님입니다. 많은 사람들이 그녀에게 물었습니다. 왜 갑자기 서점을 시작하게 되었느냐고 말이죠.

"제가 좋아하는 것 중 첫 번째는 늘 책이었어요. 근데 어느 순간부터 나만 재미있게 읽고 끝낼 게 아니라 다른 사람에게도 도움이 되었으면 좋겠다는 생각이 들더라고요. 결국 그 마음이 서점을 만들게 한 것 같아요."

그래서일까요. 최인아 책방의 사명은 '생각의 숲을 이루다'입니다. 책을 통해 나만의 작은 숲을 만들고 또 그 한 사람 한 사람의 숲들이 모여 더 큰 생각의 숲을 이루는 거겠죠. 최인아 책방을 갈 때마다 늘 동지애가 느껴지는 이유도 이 때문인가 봅니다. 기획하는 사람이 만든 서점이라는 것도 있지만 무엇보다 책을 좋아하는 이들의 에너지가 서로를 자극하게 해놓은 것 같거든요.

기획자로 일하다 보면 주위에서 다소 뜬금없는(?) 도움을 요청해올 때가 있습니다.

삼촌이 곱창집을 새로 여는데 가게 이름을 지어 달라는 사람부터, 예비 신부를 위한 프러포즈 아이디어를 달라, 하다못해 아이 방학 숙제로 가훈을 지어야 하는데 좋은 가훈 없겠냐는 경우도 있습니다. (저는 그 집 구성원도 아닌데 말이죠….)

그런데 그중 잊지 못할 요청도 있었습니다. 친한 지인이 독서 모임을 열고 싶은데 콘셉트가 막막하다며 SOS를 친 거죠. 강압적이지 않으면서, 책에 대해 자유롭게 이야기할 수 있는 모임이면 좋겠다고 했습니다. 순간 솔깃하더라고요. 왠지 재미난 기획을 해보고 싶은 마음이 퐁퐁 솟아났습니다.

그렇게 며칠을 고민한 끝에 '안 고독한 책방'이 탄생했습니다. 당시 유행하던 '고독한 채팅방'을 차용한 것이었는데요, 각자 자신이 읽은 책에서 좋은 문장을 발췌해 단체방에 공유하는 모임을 만든 겁니다. 흔한 인사나 어떤 대화도 없이 그저 책 이름과 페이지, 그리고 책 속에 담긴 인상 깊은 한 문장씩을 매일 올렸습니다. 잊을만하면 알림으로 좋은 글을 받을 수 있어서 좋았고 그중 마음에 드는 책은 직접 찾아 읽어볼 수 있어서 유용했죠.

얼마간의 시간이 지나고 오프라인 모임을 가진 자리에서 멤버 한 분이 이렇게 말씀하시더라고요.

"좋은 책과 좋은 생각이 공존하는 방이라서 너무 마음에 들어요. 대화방 이름처럼 진짜 고독하지도 않고요!"

그 말을 들은 순간 '공존'이라는 단어가 제 귀에 꽂혔습니다.
공존. '서로 도와서 함께 존재하는 것.' 책 읽기의 종착역이 있다면 바로 그곳인지도 모르겠다 싶었죠.

기억하실지 모르겠지만 이 책의 시작은 생존 독서였습니다. 드넓은 기획의 바다에서 적어도 기획자라는 타이틀을 가지고 살기 위한 생존 수영과도 같은 것이었죠. 어쩌면 나를 위한, 나에 의한 책 읽기가 그 출발점이었다고 할 수도 있겠네요.

하지만 좋은 것을 보면 나누고 싶은 마음이 인지상정인가 봅니다. 최인아 대표님의 말씀처럼 나만 재미있게 느끼고 끝내기에는 뭔가 아쉬운 느낌도 드니까요.

책을 좋아하는 한 사람으로서 늘 확신할 수 있는 건 '세상에 이어지지 않는 책은 없다'는 겁니다.

작가든 내용이든 분위기든 시대상이든, 어떤 책 한 권을 읽으면 그 책과 연결되는 또 다른 책을 만날 수 있거든요. 책에 빠진 사람은 그렇게 점점 책을 사랑하게 되는 것 같아요.

그런데 이 '이어짐'이라는 것은 비단 책과 책, 작가와 독자 사이에만 존재하는 것은 아닙니다. 독자와 독자 사이에도 아주 끈끈한 연결고리가 생길 수 있거든요. 그리고 이 고리는 비슷한 생각을 하는 사람과는 단단하게, 다른 생각을 하는 사람과는 유연하게 묶어주는 힘이 있습니다.

저는 그게 '공존'의 힘이라고 생각합니다.

책을 이야기하는 사람들이 더 많이 늘어났으면 하는 바람도 같은 이유에서입니다.

최근에 읽고 있는 책은 무엇인지 그 속에서 발견한 생각과 감정은 또 어떤 것이었는지, 나는 어떤 스타일로 책을 읽는 사람인지 그리고 어떻게 남기고 기억하고 전달하는지에 관한 이야기가 더 많이 공유되었으면 합니다. 그렇게 바람을 타고 흘러간 책의 씨앗들은 분명 어느 누군가에게 내려앉아 꼭 맞는 쓰임을 가져다줄 거라고 믿거든요. 어쩌면 그 씨앗들이 뿌리를 뻗고 자라 '생각의 숲'을 완성하는 건지도 모르겠고요.

바쁜 일상을 쪼개서 틈틈이 써내려간 글이지만 책을 쓴다는 건 참 즐거운 일이었습니다. 그 시간만큼은 온전히 나의 것임을 알게 되었기 때문이었죠. 하지만 그보다 더 큰 즐거움은 나의 생각과 경험들이 누군가에게 가서 닿을 그 순간을 상상하는 것이었습니다.

혹시라도 제 글이 우리를 '공존'하게 하는 데 있어 작은 산소라도 불어넣을 수 있다면 정말 행복하겠단 마음으로 글을 썼거든요. 좋아하는 것을 통해 좋아하는 것을 말할 수 있는 건 큰 축복이라는데, 책을 통해 책을 이야기할 수 있는 저도 꽤나 운이 좋은 사람인 것 같습니다.

더불어 매일매일 조금씩 책을 쓴다는 마음으로 살면 일상이 더 풍요로워질 것 같다는 느낌도 받았습니다. 글감을 줍고 생각을 나열하고 이를 다시 글로 풀고 또 하나로 묶는 작업은 하루하루를 조금 더 또렷하게 살 수 있도록 해주더라고요. 말이 글로만 바뀌어도 그 무게감이 느껴지는 법인데 글이 다시 책으로 엮이니 스스로에 대한 작은 선언처럼 느껴지기도 했고요.

그러니 앞으로도 저는 읽고, 생각하고, 펼치는 사람으로 열심히 살아야겠다는 마음입니다. 동시에 또 다른 누군가가 읽고, 생각하고, 펼쳐놓은 것들을 사랑하는 사람으로서 말이죠. 그리고 그 과정에서 얻게 된 것들을 저만의 방법으로 하나씩 풀어가보려고 합니다.

다름 아닌,
나의 생존과 우리의 공존을 위해서 말입니다.

멋진 보통 사람들에게 전하는 '그때'를 위한 책 ────────

01. 다른 사람의 직업을 통해 내 일을 바라보고 싶을 때

《일의 기쁨과 슬픔》
알랭 드 보통 지음, 정영목 옮김, 은행나무

02. 사업으로서, 산업으로서의 디자인이 궁금할 때

《0.1cm로 싸우는 사람》
박영춘·김정윤 지음, 몽스북

03. 일상 속의 내 모습을 꺼내어 보고 싶을 때

《보통의 존재》
이석원 지음, 달

04. 알 수 없는 무거운 분위기가 우리 곁에 내려앉았을 때

《그리스인 조르바》
니코스 카잔차키스 지음, 이윤기 옮김, 열린책들

05. 직장인으로 산다는 것의 의미를 찾고 싶을 때

《남아 있는 나날》
가즈오 이시구로 지음, 송은경 옮김, 민음사

06. 나만의 페이스로, 내 삶의 레이스를 완주하고 싶을 때

《달리기를 말할 때 내가 하고 싶은 이야기》
무라카미 하루키 지음, 임홍빈 옮김, 문학사상

07. 거인의 어깨에 올라 장인의 세상을 내려다보고 싶을 때

《커피집》

다이보 가쓰지·모리미츠 무네오 지음, 윤선해 옮김, 황소자리

08. 회사 때려치우고 사업이나 해볼까… 하는 생각을 다잡고(?) 싶을 때

《사업을 한다는 것》

레이 크록 지음, 손정의·야나이 다다시 해설, 이영래 옮김, 센시오

09. 생각의 조각 모음이 필요할 때

《생각의 탄생》

로버트 루트번스타인·미셸 루트번스타인 지음, 박종성 옮김, 에코의서재

10. 사소하지만 구체적이고, 당연하지만 필연적인 행복을 찾고 싶을 때

《행복의 기원》

서은국 지음, 21세기북스

기획자의 독서

초판 1쇄 발행 2021년 7월 14일 **초판 9쇄 발행** 2024년 9월 4일

지은이 김도영
펴낸이 최순영

출판1 본부장 한수미
와이즈 팀장 장보라
책임편집 선세영
디자인 김태수

펴낸곳 ㈜위즈덤하우스 **출판등록** 2000년 5월 23일 제13-1071호
주소 서울특별시 마포구 양화로 19 합정오피스빌딩 17층
전화 02) 2179-5600 **홈페이지** www.wisdomhouse.co.kr

ⓒ 김도영, 2021

ISBN 979-11-91766-34-9 03320